海外华文教育系列教材

总主编　贾益民

汉字理论与应用

HANZI LILUN YU YINGYONG

李香平　著

暨南大学出版社
JINAN UNIVERSITY PRESS

中国·广州

图书在版编目（CIP）数据

汉字理论与应用/李香平著.—广州：暨南大学出版社，2012.7
（海外华文教育系列教材/贾益民总主编）
ISBN 978 - 7 - 5668 - 0189 - 0

Ⅰ.①汉…　Ⅱ.①李…　Ⅲ.①汉字—对外汉语教学—教材　Ⅳ.①H195.4

中国版本图书馆 CIP 数据核字（2012）第 074853 号

出版发行：暨南大学出版社

地　　址：中国广州暨南大学
电　　话：总编室（8620）85221601
　　　　　营销部（8620）85225284　85228291　85228292（邮购）
传　　真：（8620）85221583（办公室）　　85223774（营销部）
邮　　编：510630
网　　址：http：//www.jnupress.com　http：//press.jnu.edu.cn

排　　版：广州市天河星辰文化发展部照排中心
印　　刷：佛山市浩文彩色印刷有限公司

开　　本：787mm×960mm　1/16
印　　张：13.25
字　　数：252 千
版　　次：2012 年 7 月第 1 版
印　　次：2012 年 7 月第 1 次

定　　价：29.80 元

（暨大版图书如有印装质量问题，请与出版社总编室联系调换）

总　序

　　改革开放以来的 30 多年，是中华民族走向复兴的历史时期，也是汉语大步走向国际、海外华文教育复兴的历史机遇期。曾几何时，在东南亚某些国家，华文书籍与毒品、枪支一起被列入海关查禁的范围，华人传承本民族的语言和文化，要冒巨大的生命危险。直到 20 世纪 80 年代末 90 年代初，随着中国经济的发展，经贸往来带动了语言的需求，汉语的国际交往价值显著提升。中国和平崛起的事实以及和谐外交、睦邻外交政策，使得汉语更为快速和稳健地在东南亚乃至全球得以传播。东南亚国家与中国的经济往来密切，地缘政治和文化上的关系紧密相连，东南亚又是华侨华人最为集中的区域。落地生根的华人一方面积极地融入居住国的主流文化、投身所在国的经济文化建设，一方面也对保留和传承自身的民族性十分重视，他们对华文教育的复兴和发展充满了期待，也投入了巨大的热情。从某种程度上来说，30 多年来东南亚华文教育的复兴，在汉语的国际传播中是最为引人注目的。

　　海外华文教育的需求，极大地鼓舞了中国对外汉语教学院校、机构和专业人士的工作热情。仅在印度尼西亚，从 20 世纪 90 年代末暨南大学华文教育专家首度应邀进行大范围的师资培训，到如今已有全国众多高校，为印度尼西亚的汉语教学提供了多方面的支持，印度尼西亚的华文教育呈现出良好的发展势头。国际形势的不断发展，也对中国高校协助、支持有需要的国家开展华文教育和汉语教学提出了新要求，其中师资和教材的本土化是最为突出的问题。就师资而论，我们认为，要解决有关国家普遍存在的汉语师资紧缺问题，实现华文教育和汉语教学的可持续发展，本土化师资的培养是关键。海外华文教育和汉语国际教育对师资的需求是多方面的，在印度尼西亚和其他一些东南亚国家，华文教育被禁锢几十年之后的复苏时期，短期师资培训是解决师资燃眉之急最有效的方法。从长远看，开展各种学位层次的学历教育，则是师资培养专业化、规范化的必由之路。海外一部分有志于华文教育工作的华裔子弟，有条件到中国留学并接受全日制学历教育，而更多无法离开工作岗位的在职教师也迫切希望接受正规的华文教学、汉语国际教育的学历教育，希望中国高校能送教上门。正是在这样的背景下，我们提出了多层次、多类型培养海外华文教师的思路，并采取了一系列举措。

　　所谓多层次，就是学历教育与非学历教育并举。其中学历教育包括专科、本科、研究生等不同学历，学士、硕士、博士等不同学位层次的华文教育师资培养；非学历主要是时间长短不一的各种师资培训班教学。多类型是指既有科学学位又有专业学位教育，既有全日制又有业余兼读制办学，既有面授教学又有远程网络教学，多种形式结合的组织教学方式，师资培养既"请进来"也"走出去"。为此，暨南大学在2005年向中国教育部申请开设了大学招生目录外新专业——"华文教育"本科专业，并建立了全国首个华文教育系，每年招收一批海外华裔子弟，接受正规的四年本科师范性教育；在研究生教育层次，除了在语言学及应用语言学专业招收科学学位"对外汉语教学与华文教育"硕士研究生之外，又在全国首批招收了"汉语国际推广"方向科学学位硕士，并成为全国首批招收"汉语国际教育"专业学位硕士研究生的高校。在学士和硕士培养的基础上，目前正在筹划目录外自主设立"海外华语研究与华文教学"的二级学科博士生培养学位点。在走出去办学方面，除了开设孔子学院之外，暨南大学先后在新加坡、美国、印度尼西亚设立了研究生培养海外教学点，在印度尼西亚、泰国、菲律宾、德国、英国等国的20多个城市设立了华文教育本科教学点，在澳大利亚、德国、菲律宾等国建立了一批以推广教材教法为目的的海外实验学校。以这些海外教学点、实验学校为依托，暨南大学的海外华文教育工作在本世纪头十年得以在世界许多国家蓬勃开展。同时，我们也欣喜地看到，国内许多高校也纷纷与国外教育机构签署协议，在当地教育机构的协助下就地办学，为海外华文师资的培养提供了实实在在的支持，从而在一定程度上有效地缓解了世界上许多国家，特别是东南亚国家汉语教师不足的燃眉之急，并为海外华文教育的可持续发展打下了一定的基础。

海外办学的开展，对教材建设提出了新要求。由于教学对象、教学环境、学习方式具有特殊性，国内全日制办学使用的教材未必完全适合于海外教学点。我们除了组织编写像《中文》这样的学汉语教材、《海外华文师资培训教程》等短期师资培训教材之外，也迫切需要编写一套海外教学点适用的本科、研究生教材。暨南大学的海外教学点本科华文教育、对外汉语专业从2001年在印度尼西亚开始招生，到目前办学已有10年之久。10年前，为了满足教学需要，我们编写了相关专业的教学计划，并组织一批年轻教师编写了其中10多门核心课程和主干课程的讲义。这些讲义经过多年的试用，不断修订和完善，目前已基本达到出版要求，在暨南大学出版社的大力支持下，拟于近期以"海外华文教育系列教材"的形式陆续推出。首批出版的教材涵盖汉语言文字本体知识、华语运用、华语修辞、华语教学、华文教育学、语言心理学、计算机辅助华文教学等几个方面。考虑到海外华人，特别是东南亚华人的习惯，各册讲义原以"汉语"命名的均改称"华语"。

这套"海外华文教育系列教材"的适用对象是海外兼读制华文教育、对外汉语、汉语言文学、汉语言等专业的成人教育系列本科生。教材在内容上力求做到符合海外学习者的需要。海外学习者一方面需要学习汉语言及其教学的基础知识，需要掌握教育学、心理学、第二语言教学的基础理论和基本原理，更重要的是要能够学以致用。为此，我们要求教材尽可能富有针对性和实用性。具体而言，在以下几个方面特别注意与国内全日制教材有所区别：第一，在教学内容上体现文化的包容性，尽可能避免政治文化、宗教文化、民俗文化等方面的冲突，淡化意识形态色彩。第二，在内容的深浅、难度把握上，在保证知识的完整性、常规性基础上，从海外教学对象的实际需要出发，做到难易适度。第三，强调教学内容的更新和创新。更新表现在及时吸收相关学科常规知识化了的新的研究成果，淘汰国内教材中陈旧过时了的内容，对尚属探索性、学界还未取得共识的内容，尽量不编入教材或者不作为教材传播的主体知识；创新主要表现在针对海外学习者的特殊性，编写一些适合他们需要的内容，以收到释疑解惑的效果。第四，在知识的表述方面，尽可能做到具体易懂。我们特别强调教材多用实例说明抽象的理论问题，多采用案例教学方式，使教学内容具体形象。第五，在教材语言上，尽可能避免晦涩难懂，同时在遵循现代汉语规范的基础上，适当吸收海外华语有生命力的语言成分，使学习者在学习学科专业知识的同时，也能受到标准汉语的熏陶，培养汉语语感。各册教材的编写者，经过多次讲授，在讲义的基础上修订完成这套教材，我们希望无论是教还是学，这套教材都能真正做到实用、合用，能尽可能符合海外华文教育师资培养的实际需要。

　　本套教材的出版，得到了暨南大学出版社的大力支持，责任编辑更是付出了许多辛勤的劳动，在此特致以由衷谢忱！我们也恳切希望教材的海内外使用者能及时反馈有关信息，多多给予批评指正，以便我们日后修订完善，不断提高。

　　是为序。

贾益民

2011 年 7 月 28 日

目　录

第一章　汉字的性质、起源及使用

　　和世界上其他文字相比，汉字是迄今为止历史最悠久、使用时间最长的文字。在漫长的历史长河中，汉字与汉语、汉文化荣辱与共，铸造了辉煌灿烂的华夏文明。不仅如此，汉字因本身就是文化、就是力量而受到华夏儿女们的顶礼膜拜。

　　随着"汉语热"在全世界的不断升温，汉字也逐渐受到广泛的关注。在 2008 年举世瞩目的北京奥运会开幕式上，用活字印刷版呈现的"和"字由古到今的字体演变让世界领略到了中国汉字的变化之美。随后，赛场上各国运动健将们在镜头下展现的汉字文身则让世人感受到了汉字独特的文化魅力。

　　无论是汉字悠久的历史，还是汉字丰富的内涵，都亟待我们进行挖掘、探究，去了解汉字发展的来龙去脉、研究汉字文化的各种现象、探寻华文汉字教学的科学方法。

第一节　汉字的性质与特征

　　汉字是什么？很多学者对此都有论述，但答案却不完全相同。著名文字学家周有光先生说："综合运用表意兼表音两种表达方法的文字，可以称之为'意音文字'，汉字就是意音文字之一种。"[1] 而当中国国家汉办孔子学院总部 2009 年投资拍摄的大型人文纪录片《汉字五千年》上映后，很多专家学者更是提出了有关汉字的不同论断[2]：

　　一个汉字就是一个故事。千百年来的风俗礼仪、社会结构、伦理道德、哲学思考、审美意识——中华民族的文化"基因"，几乎都隐藏在一个个汉字对所要反映的事物的摩画、概括和美化之中。

　　　　　——第十届全国人大常委会副委员长、世界汉语教学学会会长许嘉璐

　　造成中华文化核心的是汉字，而且成为中国精神文明的旗帜。

---

[1] 周有光．字母的故事．上海：上海教育出版社，2009.4.
[2] 《汉字五千年》编委会．汉字五千年（德文版）．北京：华语教学出版社，2009.

——国学大师饶宗颐

我们博大精深、灿烂无比的文化是建立在汉字基础上的，离开了汉字，我们民族就是无源之水、无本之木。

——观复博物馆馆长马未都

当我们谈到汉字是什么时，不同的人会有不同的答案，但可以肯定的是，汉字是完全不同于西方表音文字的一种符号体系。它不但是一种文字符号，更是一种文化符号。"汉字记录的汉文化被称为汉字文化。汉字文化是人类传统文化中间保存得最完整的一个系统。不仅中国人当它宝贝，全世界的人也当它宝贝。国际旅游家认为，中国最宝贵的旅游资源就是长城、兵马俑和汉字；埃及最宝贵的旅游资源就是金字塔和圣书字。中国人一直自我陶醉在传统的汉字文化之中。"①

就是这样一种历史悠久、构形独特而又充满神奇文化魅力的文字，很长一段时间因其难写、难认而受到国人的批判，甚至在某一个时期还出现了"废除汉字"、"走拼音化、拉丁化道路"的声音。无论是极度的推崇还是过分的贬低，历史发展到今天，我们不得不承认，汉字依然是汉字，她依然作为我们民族语言的记录工具，记载、传承、体现着几千年来的华夏文明。要科学地讨论"汉字是什么"这个问题，就必须探讨汉字的性质与特点。

一、汉字的性质

世界上有几千种语言，但文字却只有几百种。文字是记录语言的符号系统，汉字是记录汉语的符号系统。它因历史悠久、构形独特、影响广泛而受到世人关注，成为目前世界上已存文字中极为重要的一种。对于文字性质的分类，目前语言学界已达成了一些共识，例如根据文字形体主要表示的是读音还是意义，可将世界上的文字分为表音文字和表意文字两种，而汉字无疑是表意文字的代表。关于汉字的性质，目前比较流行的有如下几种观点。

（一）汉字是象形文字

汉字从产生之初发展到现在，始终和图画有着千丝万缕的联系。尤其是古代汉字的字形，图画性更强。下面我们列举一组常见汉字的古文字字形。

---

① 周有光. 汉字的技术性和艺术性. 孔子教拼音——语文通论. 北京：世界图书出版公司，2011.

止（趾）：　　　　　　　　女：

疾：　　　　　　　　　　　既：

　　第一组为人脚趾之形，第二组为女人跪地之形，第三组为人仰卧床上或凳上大汗淋漓之形，第四组为人跪坐于食器之前，吃完扭头不顾之形。这些甲骨文字形虽然形体各异、意义不同，但都有一个共同的特征，即直接用象形的图画或者会合不同的图画来表示词义，图画性特征明显。

　　象形是文字记录语言词汇的一种古老形式，古埃及的圣书文字、中国的汉字都是象形文字的代表。象形文字的主要特征是通过描摹物体的大致轮廓来记录语言中的词汇。说汉字是象形文字，主要是针对古代汉字（甲骨文、金文）来说的。在甲骨文中，象形是汉字的主要构造方式，形声只占其中的20%左右。而到了现代汉字中，象形构字法已基本消失，形声法（或者叫意音法）成为最主要的方式。例如图1-1：

甲骨文　　金文　　小篆　　隶书　　楷书

图1-1　文字发展演变图

　　"鸟"、"犬"、"象"三个汉字的甲骨文图画性特征明显，金文基本保持了甲骨文的图画性，小篆开始趋向线条化，隶书、楷书则基本线条化。可见，就整个汉字系统来说，象形字既不是汉字的唯一部分，也不是汉字的主要部分。尤其是经过几千年的发展，到今天的现代汉字，这些原来象形的汉字多数已经不再象形了，我们很难从它们的形体中判断出它们所指示的事物和意义。"象形"只能算是汉字结构类型中的一部分，说汉字性质是象形文字是不准确的，犯了以偏概全的错误。

　　（二）汉字是表意文字
　　与世界上其他文字相比较，汉字形体主要表示的是意义而不是读音，这和占绝大多数的表音文字不同。汉字用形体来表示意义，在甲骨文、金文中主要表现为象形、指事、会意、形声四种构字法，例如：

月：象形，甲骨文 𝕯，画了一个半月的形象。

日：象形，甲骨文 ⊖，画了一个圆圆的太阳的形象。

刃：指事，甲骨文 ，在象形字 𝄐（刀）上用点指示其部位。

休：会意，甲骨文 ，从人从木，表示人靠在树下休息之形。

雞：形声，甲骨文 ，从佳奚声，其中佳表示鸟类，作形旁，奚作声旁。

由上述例字可以看出，无论是象形、指事，还是会意、形声，都只是汉字表意的方式之一。在现代汉字中，表意方式相对单一，除了会意字用整字形体表意外，大部分是用形声字的形旁表示意义。例如：

蛛：左边的"虫"是形旁，表示字义与昆虫有关，右边的"朱"是声旁，表示字的读音。

搬：左边的提手旁是形旁，表示与手的动作有关，右边的"般"是声旁，表示字的读音。

形声字一部分形体（形旁）与字义相关，而另一部分形体（声旁）表示字的大致读音，因此，有人将汉字叫做意音文字。不管是象形文字还是意音文字，都是用形体来表示意义的文字，因此，我们统称为表意文字。

（三）汉字是语素—音节文字

根据文字记录语言单位的大小来看，汉字是一种语素—音节文字。

首先，在读音上，一个汉字基本上表示的是一个音节，多少个汉字我们就可以说是多少个音节。当然也有例外，如在汉语的儿化音中，"儿"字往往不算一个音节，因为它的读音附在别的音节后面，不能独立，如花儿〔huār〕是两个汉字一个音节。

其次，现代汉字与语素相对应。一般情况下，一个汉字有形体、固定的读音和意义，本身就可以看作一个词语，如"人"字，读音 rén，印尼语用"orang"表示，一个字表示的就是一个词。但在"佣人"这个词语里，"人"字表示的不是一个词，而是这个词的一个组成部分，它有读音，也有意义，它的意义与"佣人"的词义关系密切，我们把这个"人"字表示的部分看作是一个词语的语素。语素就是构成词语意义、有固定读音的部分，是最小的音义结合体。如在表 1-1 列举的"昨天"、"今天"、"明天"、"后天"等词语中，每一个词语分别由两个语素构成，而每一个汉字记载的就是一个语素。因此，我们可以说，一个汉字就记载一个语素，汉字与语素是基本对应的，汉字是一种语素文字。

表 1 - 1

汉语	印尼语	英语
昨天	kemarin	yesterday
今天	hari ini	today
明天	besok	tomorrow
后天	lusa	the day after tomorrow

（四）汉字是意符—音符—记号文字

鉴于上述几种汉字性质观存在的分歧和问题，文字学家裘锡圭先生针对现代汉字提出了意符—音符—记号文字说，认为衡量现代汉字的性质不应该拘泥于古文字，也不应该只看到文字作为语言符号的性质，而应着重于文字本身所使用的符号的性质，即通过文字所使用的符号的性质来确定汉字的性质。世界上各种文字所使用的符号，大体可归为三类，即意符、音符、记号。跟文字所代表的词在意义上有联系的字符是意符，在语音上有联系的是音符，语音上和意义上都没有联系的是记号。在汉字中，就字符本身来说，无论是音符、意符还是记号，绝大多数都是比笔画要大、比整字要小的笔画块。例如：

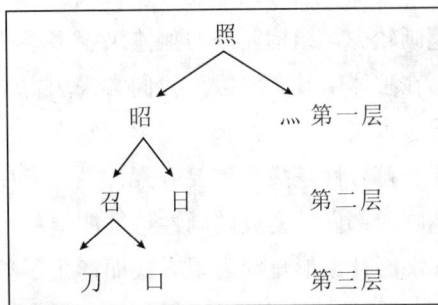

在"照"字中，我们逐层切分出一些比笔画大的字符，其中第一次切分出"昭"、"灬"，第二次切分出"日"、"召"、"灬"，第三次切分出"日"、"刀"、"口"、"灬"，这些切分出来的部分就是组成整字的字符。按照跟整字读音和意义的关系可以分别归作音符、意符和记号。所有的汉字都是由这三种符号组合而成。由意符组合的是表意字，由音符、意符组成的是意音字，由意符加记号或者音符加记号组成的是半记号字，由记号组成的是记号字。

其中古代的象形字、指事字和一部分字理丧失的会意字和形声字在现代汉字中都成了独体的记号字（如大、小、米、女、人、本）和合体的记号字（如辈、特、需、须），古代的会意字或形声字发展到现代汉字，其中字理尚存的一部分发展到现在成了意音字（如闷、疯、油），一部分丧失字理的则成了半记号字（如急、球），而一部分会意字发展到今天成了表意字（如泪、森、休）。

目前，把现代汉字看作是意符—音符—记号文字这一观点得到了普遍的认同，认为这一汉字性质观基本上反映了现代汉字的全貌，是最具概括性，同时也最能被人接受的汉字性质观。

二、汉字的特征

现代汉字是从古代汉字发展而来的，在形体、读音和意义等方面既继承了古代汉字的一些特点，同时又发生了很多变化。过去谈到汉字的特点时，总习惯于用"三难"（难写、难记、难用）来概括，这种片面的观点给汉字教学和汉字学习造成了不利的影响。汉字在教学和实际应用中所呈现出来的特点可以归纳如下。

（一）图画性与符号性的结合

古代汉字中的大部分独体字都是用象形造字法造出来的，其形体的图画性特别明显。发展到现代，这部分独体字一般都已演变成具有固定笔画的方块字形，象形性特征弱化，符号性特征明显。但汉字这种图画性特点却成为汉字平面设计中重要的设计元素。在汉字教学中，笔画较少、结构简单的独体汉字多半来源于具有图画性特征的象形构字法构造的汉字。在独体字教学阶段，我们常采用古文字溯源法、图画法来教授这部分汉字，让学生通过古文字字形对汉字字形与意义产生联想，帮助记忆。在平面设计中，汉字的图画性和符号性是两个重要因素，设计者往往借助古代字形将现代汉字符号性特征明显的笔画或部件转变成图画性特征明显的平面设计图形，使得原本只具有符号特征的现代汉字因其象形化的表现方式而产生了独特的艺术表现力。如图1-2是一个以"敢闯"为主题的平面设计，"闯"就字形来说，仅是一个"门"加一个"马"两个字符组合而成，但在该设计中大胆将"马"图画化，而将"门"变成繁体的门字，保留"门"的象形特征。整个作品就是汉字符号和图画完美结合的集中体现。图1-3是承德市城市标志设计，其图案区在整体结构上采用"承"字的变形，又是避暑山庄三十六景之第一景"丽正门"的轮廓。"承"既代表承德市，也有"传承"、"承载"之意，寓意"传承历史，承载未来"，预示着承德不仅具有厚重的历史文化，更有充满希望的美好未来；左右两侧为"承德"二字的汉语拼音字头"C"、"D"的变形，巧妙地暗含了"承德"二字。将"承"字设计成了宫殿式样，形象地再现了承德，汉字达到了符号和图画的巧妙融合。

图 1-2 "敢闯"平面设计

图 1-3 承德市城市标志

（二）层次性与整体性的结合

现代汉字字形结构的层次性是现代汉字形体中最基本的特点。任何一个现代汉字，既可以看作一个不可分割的整体，又可以从不同层面对其进行切分。其中，笔画是组成现代汉字字形的基本单位，部件是组成现代汉字的重要单位。在笔画、部件、整字这三个层级中，笔画是汉字形体中最小的构形单位，部件是汉字形体中具有较大灵活性、与汉字读音和意义有联系的中间单位。如图 1-4 所示：

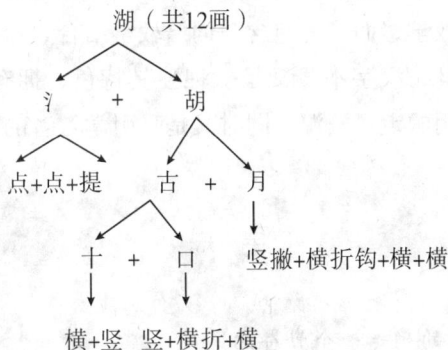

图 1-4

汉字结构的层次性决定了汉字形体可以拆分。这成为汉字字谜、拆字诗、拆字对联以及汉字教学中偏旁部首教学法产生的基础。在汉字字谜中利用汉字形体的可拆分性制作谜语就是汉字结构层次性与整体性相结合的具体反映。例如字谜"俺家大人不在",谜面中"俺"是一个合体汉字,本身就是一个独立的表音、表意单位,但这个字内部又具有可拆分的层次性,其中"大"、"人"就是其中的构成部分。"俺"字里的"大"、"人"不在,剩下的"电"即是谜底。

（三）技术性与艺术性的结合

汉字作为记录语言的工具,在书写层面上,无论是古代的软笔书写,还是现代的硬笔书写,甚至电脑输入,都尽量追求技术层面的简便、快捷、统一、规范。但汉字又不同于拼音文字,它一经产生就伴随着书写的艺术化倾向,即汉字书法。这一方面提高了汉字书写教学的难度,另一方面又使得汉字改革面临来自"技术性"和"艺术性"的双重压力。从"技术性"的角度来看,汉字的发展趋向简化、统一、规范;从"艺术性"的角度来看,汉字总是寻求书写的个体创造性、书写经验的历史传承性。

（四）文字书写单位和语言表意单位的结合

汉字作为语素文字,其个体字符本身不仅是书写单位,而且也作为语素或词成为语言中的表意单位。这具体表现在一部分笔画少、结构简单的独体汉字中,它们具有构字和组词的双重功能。作构字部件的意义与成词的词汇意义并不完全等同。有的构字义与成词义之间有直接的联系,如"口"、"女"、"手"、"山"等。有的由于汉字的发展,构字义与成词义之间毫无关系,例如"又"、"页"等,"又"现代常用词义是"副词,再、还",而构字意义就是"手",例如"取"中的"又";"页"在现代汉语中是一个量词,而在"额"、"颊"、"颈"中则表示头部的意思。由于汉字中的"字"并不等同于英语中的纯书写符号字母,所以在汉字教学中,"字"的教学并不仅仅指汉字字形的书写教学,而且还包含与词语教学结合紧密的字词教学。

汉字是语言书写工具,汉字本身又是一种独具特色、拥有无穷魅力的文化符号。这既是汉字教学可资利用的宝贵资源,同时又是吸引学习者的魅力所在。

快乐驿站一

早 点

老　外:"你们中国的确是一个勤奋的民族。"

中国人:"何以见得?"

老　外:"早上,每当我经过大街小巷的时候,常常可以看到路边的招牌上写着'早点'两个大字,它时刻提醒着上班路过的人,不要迟到。"

第二节 汉字的起源

在文字发展史上，埃及的圣书文字、苏美尔人的楔形文字、中国的汉字是世界上最古老的三种文字，但只有汉字一直沿用到今天，是迄今为止依然在使用的最古老的文字。

汉字的历史到底有多长？最早的汉字是怎样创造出来的？经过几千年，汉字又发生了什么样的变化？目前，根据考古资料和古代流传下来的文献资料，我们能够了解到汉字起源、形成、发展演变方面的一些情况。

一、有关汉字起源的传说与考古发现

关于汉字的起源，先秦文献中有一些零星的记载。这些记载大多以传说的方式存在，是春秋战国时期的人们对文字初创的推测，与客观的史实存在一定的差距。

在先秦有关文字起源的传说中，比较有影响的有结绳说、契刻说和仓颉造字说。

（一）结绳说

结绳是文字发明前人们所使用的一种记事方法，即在一条绳子上打结，用以记事。先秦文献关于远古先民结绳为治的记载比较常见，例如：

小国寡民，使有什伯之器而不用，使民重死而不远徙。虽有舟舆，无所乘之；虽有甲兵，无所陈之。使民复结绳而用之。（《老子》第八十章）

上古结绳而治，后世圣人易之以书契。（《周易·系辞下》）

及神农氏结绳为治，而统其事。（《说文解字·序》）

结绳记事是原始部族的先民普遍采用的一种记事方式，古埃及人、古波斯人，近代的美洲、非洲、澳洲土著人，我国的藏族、高山族、哈尼族等都使用过结绳记事。汉代郑玄注《周易》说："结绳为约，事大，大结其绳，事小，小结其绳，义或然也。"如图1－5所示的秘鲁印加人的结绳记事，大小不同的绳结各自代表了不同的含义。

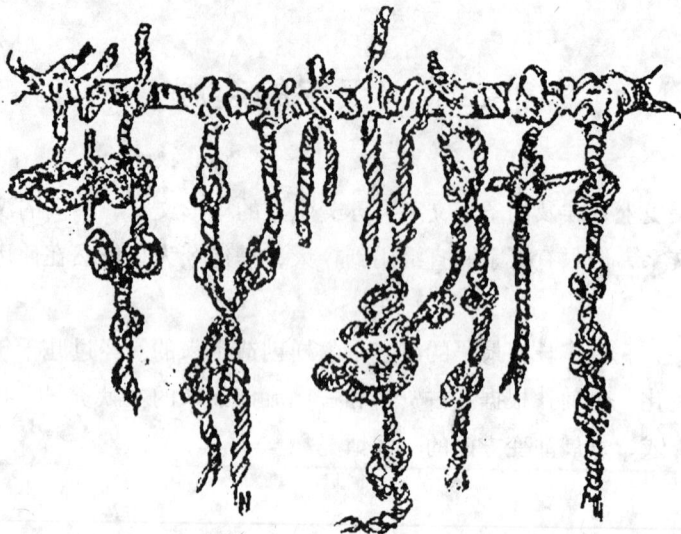

图 1-5　秘鲁印加人的结绳记事

甲骨文、金文中某些数字和结绳极为相似。例如：

十　　　　　廿（二十）　　　卅（三十）

结绳作为一种古老的记事手段，其记载信息的功能是十分有限的，它既没有完整的符号体系，也无法和语言中的词相对应。因此，结绳与文字的产生并没有必然的联系。

（二）契刻说

契刻也是原始先民的记事方式之一。汉朝刘熙于《释名·释书契》中说："契，刻也，刻识其数也。"这说明契刻主要用来记录数目。将数目用一些线条作符号，刻在竹片或木片上，这就是契刻记事。如图 1-6 所示：

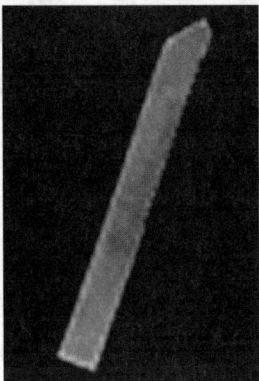

图1-6 考古发掘的古代契刻

契刻中用刻画的线条来表示数目，和甲骨文中用抽象线条表示数字"一"、"二"、"三"、"四"极为相似，例如：

一 二 三 四

契刻作为记录数目的方式，后来发展成契约的凭证。人们在订立契约时，将数目用一定线条作符号，把表示数目的符号刻在竹片或木片上。刻有数目的竹片或木片被称为"契"。将"契"从中剖开，债权人和债务人各执一半，作为契约的凭证。《列子·说符》记载："宋人有游于道得人遗契者，归藏之，密数其齿。告邻人曰：'吾富可待矣！'"可见，宋人捡到了表示债权人的右半"契"。

契刻记事虽然与甲骨文、金文中的某些数字极为相似，但和记录语言的文字仍不具有必然的联系。所以，契刻只是作为原始记事的方式，而不是汉字产生的源头。

（三）仓颉造字说

在古代文献记载中，仓颉是唯一一个与文字创造有着直接联系的神话人物。

奚仲造车，仓颉作书。（《吕氏春秋·君守》）

昔者仓颉作书，而天雨粟，鬼夜哭。（《淮南子·本经训》）

好书者众矣，而仓颉独传者，壹也。（《荀子·解蔽》）

根据文献记载，相传仓颉是黄帝时候的史官。仓颉创造文字，是历史还是神话，已无从考证。但有一点可以肯定，文字的创造绝非一人一时之力，而是广大人民群众集体智慧的结晶。若仓颉真有其人，当对文字的整理、统一作出了突出贡献，但文字绝非他一人所造。

（四）考古发现中的图画文字与文字起源

近年来的考古发现证明，文字的起源与图画密不可分，汉字亦是这样。这可从以下两个方面来证明。

（1）目前，没有文字的民族依然采用图画来传递信息。图1-7是印第安女子奥基布娃（Qjibwa）写在树皮上的"情书"。大致内容是女子约男子在某地幽会，左上角的熊是女子的图腾，左下角的泥鳅是男子的图腾，曲线表示道路，帐篷表示幽会的地点，里面的人表示她想在那儿同他见面。帐篷旁边还有三个十字架，表示周围住的是天主教徒，帐篷后方有三个湖沼，以指示帐篷所在的正确位置。

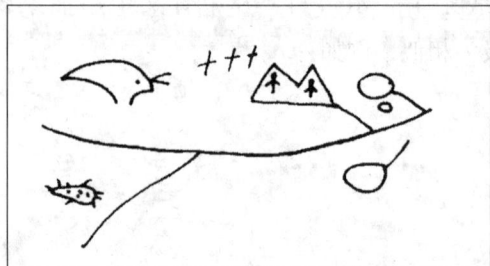

图1-7　印第安树皮"情书"

这种完全采用图画来传递信息的符号叫做文字画，是文字性质的图画。它的特点是一般以单幅的图画组成，意思以整幅画来表示，不能分解为词语、句子、段落。理解这样的文字画事先要有默契，否则难以理解。这种文字画发展到一定时期，就产生了可以分解的图画字，例如北美印第安人的图画字弥补了文字画表示意义方面的一些不足，可分解为单图，形义联系更加明确和固定。如图1-8中的龟表示幸福和成功，带箭的弓表示战争，连在一起的心表示爱情，交叉的两条蛇表示危险，头朝下的鹿表示死亡，连在一起的手表示友谊。

图 1－8　印第安人的图画字

图画字是图画形式的文字。这种图画文字往前进一步发展为象形文字，而从本质上讲，只能将它看作是从图画到文字的一种中间状态。

（2）几种古老的文字都与图画有关，都通过象形（画图）来描述事物。下表是古埃及的圣书字和甲骨文对照表。

表 1－2

现代汉字	圣书字	甲骨文	现代汉字	圣书字	甲骨文
头（首）			目		
脸（面）			见		
嘴			牛（公）		
腿（足）			羊（公）		
龟			日		
山			月		

由上表可以看出，甲骨文和圣书字都是典型的象形文字，其特点是对实物进行直观描摹，如图中的"头、脸、龟"等跟实物的形象基本没有区别。这种象形文字的出现便是图画文字向前发展的结果。象形文字是表意文字的初级阶段，与图画文字相比，早期象形文字最大的进步在于它直接记载语言，每一个象形符号既有音又有义，可识可读，又和语言中的词直接对应。

二、汉字系统形成的标志

根据大量的考古资料证据可以断定，汉字和世界上其他文字一样，都起源于图画。图1-9是在距今5000—3000年的西安半坡仰韶文化遗址发掘的陶器上的符号，这些符号与早期的甲骨文、金文十分相似。有学者认为这些符号线条熟练、构图匀称、笔画固定，有的符号还重复出现，而且有繁简二体，都刻在陶器口外沿，醒目显眼，可以认为是早期的古汉字。但由于只有零星的符号，单字数量少，其所指分别与少数事物相对应，彼此还不能排列起来记录语言，所以还不能说某种文字体系已初步形成，但可以肯定的是，文字起源与这些陶器刻符密切相关。

图1-9　仰韶文化遗址出土的陶器刻符

从文字的起源到文字体系的形成，中间还需要经历漫长的时间。一种文字体系初步形成，应具备以下几个条件：

第一，字形书写比较固定，并有相当数量的文字。

第二，分别与语言中的词相对应。

第三，文字之间能够排列起来，记录一句话或一段话。

从目前发现的文字来看，商代（前1600）的甲骨文已经具备了上述几个条件，标志着汉字体系的形成。甲骨文有单字4 000多个，目前能够认识的有1 700多个。从这些已被识别出来的汉字来看，它们基本上能够记载商代的语言，并且由这些单字排列组成的句子十分丰富，与语言基本对应。因此商代或者更早一些时候应该就是汉字体系初步形成的时期。

快乐驿站二

象形文字

一位初学汉语的外国人对中国的文字颇感兴趣，知道中国汉字字形能够表示字义，喜欢"说文解字"。一位中国朋友知道他认识"车"、"马"二字，便指着书上的"连"字问他："这是什么意思？"

他略加思考，答道："这是一辆正在爬坡的车。"

朋友强忍住笑，又指着"骂"字问他："那么，这个呢？"他呆愣片刻，答道："这不是一匹多嘴的马吗？"

第三节　汉字的使用

作为世界上最古老的文字之一，汉字系统不仅指现代社会使用的通用汉字本身，也包含了历代所使用的各种繁体、异体。前者存在于记录现代汉语的各种报纸杂志和书籍中，后者则存在于浩如烟海的古代文献中。作为现代社会一般的汉字使用者，我们大多不会关注汉字的历史状态，但必须了解汉字的现状与未来。

对于现代社会所使用的通用汉字，我们通常称之为"现代汉字"。什么是现代汉字？周有光先生指出："这有广狭二义。广义：今天流行的通用字典中所收的全部汉字都算是现代汉字。狭义：经过严格审查，书写现代汉语所必须用到的汉字才是现代汉字。"[1] 我们探讨汉字的使用，就是探讨现代汉字。

---

[1] 周有光. 现代汉字学发凡. 语文现代化（第二辑）. 北京：知识出版社，1980. 94.

一、现代汉字的字集与字量

汉字总共有多少字? 到目前为止, 谁也答不上来。历代不同的字典辞书收罗的单字数量也不尽相同。新中国成立以后, 中国政府制定了一系列语言文字政策法规。在汉字数量方面, 确定了现代汉字的规范字量, 并对不同应用领域的汉字数量及字种进行了规范。

（一）信息处理用 GB13000.1 字符集

近年来, 中国政府发布了多项语言文字规范, 例如《GB13000.1 字符集汉字折笔规范》、《GB13000.1 字符集汉字部首归部规范》、《信息处理用 GB13000.1 字符集汉字部件规范》中都引用 GB13000.1 字符集这一名称。这一字符集其实是 1984 年国际标准化组织（ISO）开始研究、制定《信息技术通用多八位编码字符集（UCS）国际标准》中针对中（大陆、台湾）、日、韩（CJK）统一的表意文字编码的总集, 它以《康熙字典》、《大汉和辞典》、《汉语大字典》、《大字源》中的字汇为基础, 经过统一的原则进行认同和甄别, 生成字符总集共 20 902 个汉字字符, 简称为 GB13000.1 字符集, 是信息处理用的现代汉字总字汇。其中中国大陆提出的汉字为 17 124 个, 台湾为 17 258 个, 分别为 G 列与 T 列, 两个的并集为 20 158 个。日本提出的汉字为 12 157 个, 包括中国未提出的 690 个, 称为 J 列字。韩国提出的汉字为 7 477 个, 称为 K 列, 其中包括中国未提出的 90 个。J 列和 K 列的并集, 即非中国提出的 744 个。

（二）通用字、常用字、罕用字

通用字就是书写现代汉语一般要用到的字, 也是出版印刷、字典编纂、信息处理等的用字, 包括常用字和非常用字。根据汉字出现的频率和使用的范围（有的汉字只在一些专业领域出现, 有的汉字在所有领域都是常用的）, 有大约 7 000 个汉字在现代汉语中覆盖率为 99.999%, 我们把它们看作是现代汉语中通用汉字。倘若掌握了这 7 000 个汉字, 那么阅读现代中文书籍 1 000 个字里不认识的字则不到 1 个。1965 年 1 月发布的《现代汉语通用字表》收字 7 000 个, 是在原来的《印刷通用汉字字形表》的基础上增订而成, 规定了所收汉字的字形结构、笔画数以及笔顺等, 是我们使用新印刷体和新字形的规范性标准, 也是淘汰异体字、使用简体字的补充标准。

除了发布《现代汉语通用字表》外, 国家语言文字工作委员会和国家教育委员会还于 1988 年 1 月 26 日联合发布了《现代汉语常用字表》。该字表统计了 15 种常用字材料和 5 种通用字材料, 最后选取 3 500 字作为该表的常用字。在选择和统计过程中,所用材料一般为 1928 年至 1986 年各类报刊杂志书籍中的，通过抽样统计，既考虑汉字的使用频率，又考虑分布度和使用度，也考虑构字能力和构词能力等诸多因素。3 500 个字的覆盖率为 99.48%，分最常用字 2 500 个和次常用字 1 000 个，其中最常用字覆盖率达 97.97%，次常用字覆盖率达 1.51%。

罕用字就是现代汉字中除通用字以外的其他字，它们是一些使用频率很低的字，其中大部分是生僻的专业用字。例如：姓名用字（刘、赵）、动植物名称用字（狮、狗、猫）、方言字（垃圾、靓）、科技用字（氧、钙）、宗教用字（袈、裟）等。

（三）汉字教学用字

在汉字教学中，无论是针对儿童的小学语文识字教学还是华文教学中的汉字教学，其教学用字都是以通用汉字中的常用汉字为主体，然后根据教学需要进行适当调整。

1. 小学语文教学用字

古代童蒙识字教学一般用一两年的时间读完"三、百、千"（《三字经》、《百家姓》、《千字文》）。"三、百、千"是识字材料，读完"三、百、千"，就能识别近 2 000 字，然后再去读"四书"、"五经"，再去学习做文章。新中国成立后，原《小学语文教学大纲》要求一、二年级识字量为 1 150 个，阅读覆盖率约为 94%。苏教版"标准本"小学语文教材用"识、写分流"的方法，一、二年级识字量增加到 1 700 个（其中要求写的 1 000 字），比过去的识字量增加了 550 个，阅读覆盖率可以达到 96.5%。目前，语文《新课程标准》对识字教学提出了"会认"和"会写"两种不同要求。小学阶段要求学生会认汉字 3 000 个，会写汉字 2 500 个。其中低年级要求会认 1 800 个，会写 800～1 200 个。总之，目前，小学语文教学用字都是以 1988 年语文出版社出版的国家语委汉字处编的《现代汉语常用字表》为参考依据的，字数一般控制在 3 500 个常用字范围之内。

2. 华文教学用字

华文教学中的汉字教学是我国目前汉字教学中的重要组成部分。1990 年至 1991 年，国家对外汉语教学领导小组和北京语言学院汉语水平考试中心联合研制了《汉语水平词汇与汉字等级大纲》，这份大纲是我国初、中等汉语水平考试的主要依据，也是我国对外汉语教学总体设计、教材编写、课堂教学和成绩测试的主要依据，共收录 2 905 个汉字，其中甲级 800 个，乙级 804 个，丙级 601 个，丁级 700 个。这 2 905 个汉字中有 2 485 个是《现代汉语常用字表》中的一级常用字。随着华文教育的深入发展以及社会用字的自我调整，旧的用字大纲所收汉字已经有一些不符合实际用字的需要，新的用字大纲的制定迫在眉睫。2010 年 10 月 19 日，由教育部、国家语言文字工作委员会发布的《汉语国际教育用音节汉字词汇等级划分》成为继《汉语水平词汇与汉字等级大纲》之后，华文汉字教学最重要的规范性文件。该规范规定了汉语国际教育用音节、汉字、词汇的等级划分，给出了分级的音节表、汉字表、词汇表，主要适用于汉语国际教育教材编写、课堂教学、课程测试、工具书编写、音节库和词库建设，也可供我国少数民族汉语教学参考。汉字表分一级汉字 900 个，二级汉字 900 个，三级汉字 900 个，三级附录汉字 300 个，共计 3 000 个。

二、现代汉字的标准形体

现代汉字有广义和狭义之分，狭义的现代汉字形体专指现代汉语用字，即现代白话文用字，包括古今汉语通用字和现代汉语专用字，以区别于文言古语用字。目前中国大陆、港澳台地区所使用的现代汉字在形体上有些差异。广义的现代汉字字形还包括日本、韩国等使用的汉字。

（一）中国大陆规范汉字

所谓规范汉字，就是符合国家颁布的规范标准的汉字，包括经过整理简化并由国务院或国家有关主管部门以字表等形式正式公布的汉字和未经整理简化的传承字，即现代通用于我国大陆一般交际场合的汉字。"现代通用"说明其适用的时代是现代而非古代，"我国大陆"说明适用的地域不包括港澳台，"一般交际场合"以区别于"书法艺术创作领域"。从构成来看，现代汉语中的规范汉字包括简化字、正体字、新字形、传承字。

1. 简化字

简化字主要是指《简化字总表》中的简化字。《总表》包括第一表所收 350 个不作简化偏旁的简化字，第二表收 132 个可以作偏旁用的简化字和 14 个简化偏旁，第三表收运用第二表所列简化字和简化偏旁得出来的 1 753 个简化字。此外简化字还包括所有未收入第三表，但可用第二表的简化字或简化偏旁类推出来的简化字。这是大陆规范汉字的主要部分。

2. 正体字

汉字在发展中出现了一字多形的形象。如"峰"又可写作"峯"，"睹"亦可写作"覩"，对于这种一字多形现象，古籍文献是兼收并用。随着印刷技术的发展以及电脑输入的普及，一字多形现象严重影响了汉字的使用和教学。为便于人们学习汉字，1955 年，中华人民共和国文化部和中国文字改革委员会联合发布了《第一批异体字整理表》，废除了 1 055 个异体字，根据从简从俗的原则规定了 810 个正体字，此后，异体字作为不规范字，除姓氏和某些特殊场合外不再使用。1986 年重新发布的《简化字总表》和《现代汉语通用字表》都对《第一批异体字整理表》中提出的异体字作了修订：

第一，确认《简化字总表》收入的"䜣、讝、晔、奢、诃、鳝、绌、刬、鲙、诓、雠"11 个类推简化字为规范字，不再作为淘汰的异体字。

第二，根据 1988 年 3 月 25 日国家语言文字工作委员会与中华人民共和国新闻出版署"关于发布《现代汉语通用字表》的联合通知"的规定，确认《印刷通用汉字字形表》收入的"蒭、邱、於、澹、骼、彷、菰、溷、徼、薰、黏、桉、愣、晖、凋"等 15 个字为规范字，收入《现代汉语通用字表》，不再作为淘汰的异体字。

近年来，随着人们取名用字的需要，一些被淘汰的异体字又重新活跃在日常生活中，如"喆（哲）"、"堃（昆）"、"淼（渺）"等姓名用字，"氾（泛）"、"仝（同）"、"谿（溪）"、"线（线）"、"甯（宁）"等姓氏用字，都曾被视为异体字或繁体字而被淘汰，如今，这些字已被 2009 年教育部发布的《通用规范汉字表（征求意见稿）》所启用，以姓名用字的身份被保留在三级字表中。例如：

仝：tóng，仅用于姓氏人名，其他意义用"同"。根据民政部颁发的全国姓氏排序五百例，仝氏排在第 397 位。仝氏大部分是金朝完颜阿骨打的后裔或夹谷氏的后代。

邨：cūn，用于姓氏人名。

昇：shēng，用于姓氏人名、地名。其他意义用"升"。

陞：shēng，用于姓氏人名、地名。其他意义用"升"。

堃：kūn，用于姓氏人名。其他意义用"坤"。

喆：zhé，用于姓氏人名。其他意义用"哲"。

甦：sū，用于姓氏人名。其他意义用"苏"。

淼：miǎo，用于姓氏人名。其他意义用"渺"。

犇：bēn，用于姓氏人名。其他意义用"奔"。

线：xiàn，用于姓氏人名。其他意义用"线"。

锺：zhōng，用于姓氏人名。其他意义用"钟"。

濛：méng，用于姓氏人名。其他意义用"蒙"。

龢：hé，用于姓氏人名。其他意义用"和"。

吒：zhā，用于姓氏人名、地名。其他意义用"咤"。

颺：yáng，用于姓氏人名。其他意义用"扬"。

迳：jìng，用于姓氏人名、地名。其他意义用"径"。

廼：nǎi，用于姓氏人名、地名。其他意义用"乃"。

3．新字形

为了解决印刷汉字字形与手写字形的差异，1965 年，中国大陆发布《印刷通用汉字字形表》，收录 6 196 个汉字，提供了通用汉字印刷字体（宋体）的标准字形，规定了表内字的笔画数目、笔画形状、笔画顺序和部件位置。所谓的"新字形"即由此表而来，是字表规定需用的宋体规范字形，在这之前通用的字形则称为"旧字形"。例如下列几组汉字，就体现了新旧字形的差异。前为新字形，后为旧字形。

吕—呂　　青—靑　　黄—黃　　温—溫　　真—眞　　刃—刄

80 年代，社会用字发生了较大变化，《印刷通用汉字字形表》已经不能完全满足现代汉字使用的需要，所以国家语委又制定了《现代汉语通用字表》，删去《印刷通用汉字字形表》中 50 个字，增收 854 个字，共收 7 000 字。2009 年教育部发布《通用规范汉字表（征求意见稿）》对《印刷通用汉字字形表》中的 44 个字进行了微调，试图进一步规范印刷体字形，完善现代汉字字形系统。对 44 个汉字的微调，主要是《通用规范汉字表》以笔形变异规则为标准，对所收的 8 300 字全部进行了复查，在统一笔形规则的前提下，生成了《通用规范汉字表》的宋体字形表，然后把所生成的宋体字形表与原来《印刷通用汉字字形表》中 44 个字的字形进行了调整，这种调整主要包括如下几个方面：

①"琴、瑟、琵、琶"的上左和"徵"的中下部件"王"最后一笔横变提。

②"魅"的右部件和"籴、余、褰、衾"的下部件的末笔捺变点。

③"巽（撰、馔、噀同）"的上左部件"巳"的最后一笔竖弯钩变竖提。

④"亲（榇同）、杀（刹、脎、铩、弑同）、条（涤、绦、鲦同）、茶（搽同）、新（薪同）、杂、寨"下部件"朩"的竖钩变竖。

⑤"惥"的上部件和"瞥（弊、憋同）"的上左部件中横折钩变横折。

⑥"薅、溽、缛、褥、耨、薅"中的部件以及"唇、蜃"由半包围结构改为上下结构。

⑦"毂"的左下部件"车"上添加一短横，与从"亭"诸字的字形取得一致。

这一汉字规范活动被网友戏称为对汉字的整形，由于网民激烈反对，加上媒体的推波助澜，《通用规范汉字表》以及对汉字系统的各种调整目前还处在悬而未决中。

4．传承字

古今汉字，除了《简化字总表》收录的古今、繁简不同的汉字外，还有大部分汉字古今形体并没有显著变化，这部分汉字可以叫做古今传承字。例如"江"、"河"。

新加坡作为海外华文的主要使用地区，使用和中国大陆完全一致的简化字。

（二）港澳台汉字

港澳台地区与中国大陆所使用的现行汉字最主要的区别在于繁简字的差异，其次还包括一些异体字和新旧字形问题。近几十年，随着大陆出台多项汉字规范，台湾也进行了多项汉字标准化、规范化工作，主要包括"标准字体表"、"异体字字典"、"笔顺手册"、"部首手册"、"笔画名称表"①。其中，"标准字体表"相当于大陆的《现代汉语通用字表》，是台湾现行规范汉字的法定字表。

台湾从 20 世纪 70 年代开始研制标准字体，先后公布常用字、次常用字、罕用字三种。"标准字体表"共 15 548 个字，其中"常用字表"收 4 808 字，"次常用字"6 343 字，"罕用字" 3 405 字。此外，还包括异体字 2 455 字，附录 255 字。1996 年台湾又编订"国字标准字体研订原则"，规定了 160 个部件的标准写法。许长安先生对其中 68 个与大陆字形标准有差异的部件逐一进行比较和评析。例如"角"，台湾作"角"，中间写作"土"，一竖不出头；"片"字，台湾作"片"，第二、三笔相接不出头；"垂"，台湾作"垂"，中间不连笔；"非"字，台湾作"非"，左旁直笔作竖撇，左下横笔作挑笔；"丰"字，台湾作"丰"，首笔作撇。可见，台湾的标准字体更多采用大陆印刷通用汉字中的旧字形。

台湾的标准字体表主要适用于印刷用的楷书标准，而对于手写体，台湾有《标准行书范本》，前者都使用繁体字，后者则吸收了大量的简化字，并规定了标准的写法。台湾的印刷体叫做正体字，手写体叫做行书。

此外，在汉字的笔顺、部首归并以及笔画名称方面，大陆和台湾都是同中有异，同大于异。如在笔顺方面，1996 年台湾正式出版《常用国字标准字体笔顺手册》。该手册有个"笔顺基本法则说明"，归纳了"自左至右、先上后下、由外而内、先横后竖、先撇后捺"等 17 条汉字笔顺的基本法则。细察这 17 条笔顺法则，对照大陆的笔顺规范，可以发现两岸的笔顺规则基本一致，因为它们都是千百年来约定俗成的笔顺规则。许长安先生将大陆的《现代汉语通用笔顺规范》（7 000 字）和台湾的《常用国字标准字体笔顺手册》（4 808 字）逐一进行比较，除简化字和繁体字笔顺不可比之外，检查出笔顺有差异的基本字（或偏旁）共 35 个，如"乃、忄、卂（讯、迅）、升、冉（再）、母、舟、卵、赢"，笔数、字形完全相同但笔顺有异；"及、阝、鼎、

---

① 许长安．台湾"标准字体"评介．语言文字应用，2003（4）．

乚、巨、印、瓦"是折笔笔数认定不同;"艹、垂、叟、花、差、羞、鬼、象"是笔画断连不同;"盗、羡、黄"则是笔画多寡不同等情况。

港澳地区所用汉字和台湾一样,在印刷体中都采用繁体字,在人们的手写体中,则多为繁简并用,但所写的简化字并不一定是大陆的规范简化字。

(三) 日本、韩国汉字

日本一直使用汉字。1946 年日本内阁公布了《当用汉字表》,收录 1 850 个汉字,该表规定了日本民众在正式法令、公文和出版物上必须使用的汉字。1948 年日本内阁公布了《当用汉字别表》,包含 881 个汉字,该表在当用汉字的范围内指出义务教育期间学生必学汉字的范围。1951 年日本内阁公布了《人名汉字别表》,共收 92 个汉字,然后在 1976 年、1981 年、1990 年、1997 年、2004 年都进行了增补和修改,共收 983 个汉字。1981 年,日本内阁公布了《常用汉字表》,共收 1 945 个汉字,作为人们日常书写、阅读的汉字。1990 年,日本规格协会公布了计算用字的国家标准即《JISX0208 –1990 情报交换用汉字符号系》,该表收录6 355个汉字。有学者将这 6 355 个日本汉字与我国规范汉字进行比较发现,有 2 386 个汉字与中国大陆规范汉字同形,占总数的 37. 545%;有1 590个汉字"为规范汉字之繁体者",占总数的 25. 02%;有 839 个汉字为"规范汉字之异体者",占总数的 13. 202%;有 1 334 个汉字"为规范汉字之旧字形者",占总数的 20. 991%;有 206 个汉字"为规范汉字所无者",占总数的 3. 242%。① 1997 年、2000 年、2004 年日本规格协会对情报交换用汉字符号系统进行了个别的补充和调整,日本汉字的使用情况基本稳定下来。

韩国汉字目前以弘新文化出版社最新版的《常用学习三千汉字》为标准。这 3 000 个汉字在韩国汉字阅读物中的覆盖率为98.24%。有学者②将韩国《常用学习三千汉字》与《汉语水平词汇与汉字等级大纲》中的 2 905 个汉字进行比较,在不考虑繁简差异以及实际用法差异的情况下,就字形而言,韩国三千汉字和大纲 2 905 个汉字的共有字相比较的基本情况是:韩国《常用学习三千汉字》,701 个分布在甲级中,占甲级汉字的 87. 63%,占等级大纲汉字的 24. 13%;633 个分布在乙级汉字中,占乙级汉字的 78. 73%,占等级大纲汉字的 21. 79%;分布在丙级中的汉字 407 个,占该级别的 58. 29%,占等级大纲总数的 14. 01%;分布在丁级中的汉字 408 个,占整个丁级汉字的 58. 29%,占整个等级大纲汉字的 14. 04%。共有字 2 149 个占到了整个等级大纲的 73. 98%。可见,就字形而言,韩国汉字与中国汉字同大于异。但在实际应用中,

① 陈饴媛. 中日汉字字形比较研究. 山东大学硕士学位论文,2007.
② 徐新伟. 中韩汉字比较研究. 华中科技大学硕士学位论文,2005.

韩国汉字有自己的字音、字义特点，不能等同于中国的汉字。

快乐驿站三

便　饭

外国留学生吉姆汉语说得十分流利。一次，吉姆的老师张明搬家，吉姆也赶去帮忙，张明请吉姆在家吃饭。席间，张老师客气地说："吉姆，这是一顿便饭而已，别客气，随便吃！"吉姆头一次听到"便饭"的说法，觉得很新鲜，并悄悄记下了这个词语。几天后，吉姆在自己宿舍回请张老师，自己动手，搞了一大桌菜，张老师一见，连连夸奖："吉姆，好手艺，竟烧了这么大桌菜，实在是太丰盛了！""哪里哪里，这不过是顿便饭，您随便吃。"吉姆用起了从张老师那里学到的新词语，张老师听了直夸奖，吉姆更谦虚了："张老师，实在不好意思，和您家的便饭比起来，我这只能算是小便饭，而您家的那才是大便饭啊！"听到这个，张老师刚塞进嘴中的一大口菜一下喷了出来。

思考练习一

一、阅读下面这个摘自《汉语知识趣谈》的小故事，利用教材中相关内容分析故事中所体现的汉字性质与特点。

读书破万卷

从前，某财主有个呆儿子，长到七八岁时，财主请了个家庭教师教他念书。一天，刚吃过早饭，呆子歪着脑袋得意地对财主说："都学会了，我想出去玩。"

财主不信，就出了个题目，让他回房中去写一篇文章。

眼看到中午了，还不见儿子出来交卷。财主走进他的房间，只见房里满地都是撕破的书，呆儿子还在直眉瞪眼地撕着，累得满头大汗。财主焦急地问："你这是干什么？"

呆子撅着嘴嘟囔起来："老师说过，'读书破万卷，下笔如有神'。我才撕破了百来本，真是累死人！我早就饿得前心贴后背了！"

财主气得胡子直翘，看着儿子这个傻样子，不知如何是好！

二、阅读下面这一摘自《咬文嚼字》2003 年第 2 期上的文章《个个草包》，利用文字学知识解释"竹苞"何以能读成"个个草包"？这反映了汉字的什么特点？

个个草包

　　传说，大贪官和珅建了一座亭子，请纪昀题字写横额。纪昀挥毫写了两个大字"竹苞"。竹苞，竹笋也，出自《诗经》，是形容事物像竹笋一样可以顶石破土。和珅想，这是说我在仕途上能取得成功，于是心里非常高兴。后来，乾隆探访，看到亭上大字，突然发笑，问："这是何人题写？"和珅愣了愣，回答"纪昀。"乾隆大笑道："和爱卿，难道你看不出纪昀这是在骂你——'个个草包'呀？哈哈！"

　　三、2009 年，教育部就《通用规范汉字表》征求意见，其中对 44 个常用汉字的调整引起各方关注，这次调整被网友称为汉字"整形"。从文字学层面来看，《通用规范汉字表》对宋体字的字形进行的微调，主要是为了取得宋体字笔形变异上的一致，例如"琴、瑟、琵、琶"的上左和"徽"的中下部件"王"最后一笔横变提。对于这次"整形"事件，你怎么看，请从汉字规范等各个方面说明其理由和根据。

　　四、下面是面值为两角的第三套人民币和第四套人民币，请仔细观察下图及文字介绍，看看不同版本的汉字写法有何不同，并详细说明第四套人民币在文字设计上有哪些变化。

第三套人民币是中国人民银行于 1962 年 4 月 15 日开始发行的，于 2000 年 7 月 1 日停止流通，前后历时 38 年。

第四套人民币是中国人民银行自 1987 年 4 月 27 日开始发行，至 1997 年 4 月 1 日止，共发行 9 种面额，14 种票券。

五、2009 年中央电视台《小崔说事》栏目以"汉字还是漢字"为话题就繁、简汉字的废立问题展开讨论，"拥简派"和"废简派"争相发表自己的观点，其中有学者指出"简化字是山寨版的汉字"。你是否同意这一观点，结合相关文献研究成果，谈谈你的看法。

第二章　汉字的构造、演变与发展规律

汉字的形体是汉字形、音、义三要素中最基本的要素，也是华文教学中汉字教学最基本的内容。长期以来，人们对汉字形体的描述多集中在其"笔画多"、"结构复杂"、"难写难认"上，忽视了汉字形体的内在结构规律，从而影响和制约了汉字教学与学习的效率。

第一节　古代汉字的构造——六书

汉字是表意文字，形体与意义关系密切。先民造字之初，形体表示意义的方法很难考证，但到了战国时期，人们根据所使用的汉字，归纳总结出汉字构造的基本法则，即后代所说的"六书"。它是古人对先民造字方法的逆推，是认识和理解汉字形体表意的理论基础。

"六书"的名称，最早见于战国时代的文献《周礼》。后班固在《汉书·艺文志》中也记载了"六书"的细目，并指出它是"造字之本"。东汉许慎《说文解字·序》具体解释了六书的含义，并且用六书分析了字典中几乎所有的汉字。我们现在所讲的六书就是指象形、指事、会意、形声、假借、转注六种造字方法。下面逐一加以介绍。

（一）象形

什么是象形？许慎云："象形者，画成其物，随体诘诎，日、月是也。"象形造字法就是把客观物体的形状画下来，依照物体形状的不同用线条去描绘它的大概轮廓。换句话说就是依样画葫芦，对物体作简单的速写。例如"日"（太阳）是圆的，就画一个圆圈◯去表示它；"月"（月亮）经常是缺的，就画一个半月形◗去表示它。这种用象形造字法造出的汉字使人一看就知道文字描绘的是什么，从而明白文字所指称的事物和所代表的意义。

根据描绘物体的方式，我们把象形字分为三大类型：

1. 画出物体的全体

这类象形字所指示的事物一般是具体的实物，有形可象。例如：

人：		女：		子：		首：		耳：	
目：		口：		牙：		手：		爪：	
足：		止：		肉：		心：		胃：	
星：		云：		气：		雨：		山：	
石：		川：		水：		土：		火：	
虫：		鱼：		鸟：		龟：		马：	
犬：		兔：		象：		鹿：		龙：	
木：		禾：		草：		刀：		斤：	
门：		向：		窗：		网：		册：	
壶：		斗：		皿：		酉：		豆：	
衣：		弓：		矢：		戈：		单：	

2. 画物体的局部

象形文字毕竟不同于图画，图画要求越逼真越好，而文字只要求能够指示和区别事物就行。在书写时，为了简便快捷，有些字形只描画了物体最有特征的部分，以局部代全体。例如：

羊：		牛：	

3. 连带有关的物体一起画出

有些东西的形状很难单独画出来，或者单独画出来以后很容易跟其他字相混淆，所以为这类事物造象形字时，需要把有关的事物一起画出来。有人把这类象形字称作附体象形字。例如：

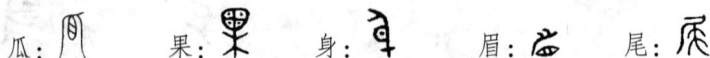

瓜：⺌　　果：🜍　身：🜂　　眉：🜍　　尾：🜍

三类象形字中，第一类最多，产生的时间也比较早。

用象形法造的汉字多表示客观事物的名称，本身具有客观形象可供描摹，是起源于图画又区别于图画的文字。象形字出现最早，同时也是其他造字法造字的基础。根据清代朱骏声《说文通训定声》的记载，《说文解字》9 353 个字中，象形字 364 个，占总数的 4% 弱。

古代的象形字，发展到今天，一部分演变为构字能力强、结构简单的独体字，一部分演变为构字能力强但不能单独使用的偏旁部首。象形造字法作为一种原始的表意方法，直观、形象，但这种造字法有其天然的局限，如无法表示那些无形可象的抽象概念，容易导致形体相近而降低区别度等，这就需要新的造字法来弥补这一缺陷。

（二）指事

什么是指事？许慎解释说："视而可识，察而见意，上、下是也。"甲骨文中 ⁼ （上）和 ⁼ （下），其中长横线象征一个平面，它可以是地面，也可以是桌面、书面、纸面……它是面积较广、可以载物的任意平面的记号；短横线表示平面上或下的任何物体，可以是树木、房屋，也可以是文字、图画之类的东西。字形非常简单，字义却不是一下子就能够领会，只有了解横线表示的空间位置关系才能彻底地了解字的含义。指事字有两类：

1. 用纯粹抽象的符号来表示的指事字

例如：

一　　二　　三　　亖　　上　　下

这些线条不表示具体的事物，是纯粹抽象的符号，若干线条组合起来表示一定的意义。

2. 以象形字为基础，通过在象形字上添加指示性符号——横和点来表示具体的字义

指事字的数量极少。它们表示的事物，有的比较抽象，有的比较具体。例如：

刃 本 末 朱 寸 亦 甘 血 母

指事字在《说文解字》中有 125 个，数量不多，但和象形字比较，部分指事字所表示的意义比较抽象，与单纯靠以形取象的象形字有所不同。

（三）会意

什么是会意？许慎云："会意字，比类合谊，以见指扬，武、信是也。""武"是由"止"、"戈"两个字会合而成，甲骨文为"𢧀"，下面是脚趾的象形，后来才演变成表"停止"义的"止"字，上面是兵器"戈"的象形，"止"和"戈"合起来表示士兵背着武器（戈）行走准备去打仗，所以有武力的意思。"信"字最初的意义是消息，不论是口头的消息还是书面的消息，都是人说的话，因此"人"、"言"两个字合并起来表示信息的意思。清代文字学家王筠指出："会意者，合二字三字之义，以成一字之义。"① 现代文字学家高亨先生指出："会意者，合二文或数文以成字者也。"②

会意字充分利用了象形、指事造字法所造的基本汉字，用比类合谊的方式造出新字，所以，会意字都是合体字。会意字合并两个或两个以上现成的字组成新字，会合出新的意义，其组合的形式是多种多样的。会意字可以根据不同的标准进行分类，其中根据构字部分的相同与否可以分为同体会意、异体会意。

1. 同体会意字

所谓同体会意字就是组成新字的几个字其实是同一个字的重叠。例如下面一组字都是同体会意字。

林 森 从 北 众 轰 友 步 多

---

① 王筠. 说文释例. 北京：中华书局，1987. 114.
② 高亨. 文字形义学概论. 济南：齐鲁书社，1981. 65.

双木为"林",三木为"森",两人一前一后相随为"从",两人背靠背为"北"（原来表示背的意义），三人相随为"众",三车为"轰",两手为"友",两脚趾为"步"。这些同体会意字发展到现代汉字，一部分已经看不出同体会意的特征了，而一部分楷书汉字中的同体会意字，实质上就是使用两个或三个相同的成字部件来构成会意字，如"晶"、"焱"、"鑫"、"磊"、"森"、"赫"、"毳"、"蛊"、"品"等。

2. 异体会意字

所谓异体会意字就是组成新字的几个字是不同的形体。异体会意字数量多，组合的形式也多种多样，有的会意字是由图画性很强的象形字组合而成的，可以通过几个偏旁之间的图画关系使人悟出字的意思。例如"寇"原来写成 ▨ ，本来表示侵犯、劫掠的意思，字形由"宀"（宝盖头，多表示房屋）、"人"、"攴"（读 pū，表示手持棍棒）三个部分组成，综合起来就表示手持棍棒之类的武器进入房子打人。又如"休"，甲骨文写成 ，本义就是"休息"，字形由"人"和"木"组成，表示一个人在树下休息。这类会意字往往需要借助古文字来分析，例如：

有：		逐：		牧：		采：		集：	莫：	
既：		門：		家：		及：		取：	为：	
丞：		爰：		隻：		企：		臭：	走：	
涉：		降：		乘：		弃：		出：		

无论是同体会意字，还是异体会意字，发展到今天，很多已经很难从形体看出其意义。《说文解字》1 167 个会意字，占总数 12% 强。

（四）假借

假借是什么？许慎说："本无其字，依声托事，令、长是也。"用今天的话说，就是语言中有些词很难造一个形体去表示，而是借用现成的同音字表示。许慎对假借字的解释很清楚，但所举的两个例子是错误的，我们下面另举几个例子来说明假借这种造字法。

其：甲骨文为 ，象形字，最初指簸箕（读 bòjī，农村里用来装东西的竹制器具）。与此同时，读 qí 的还有另外一个词，意义为指示代词（相当于现在的指示代词

"这、那"），这个意义无法用形体记载，也就是造不出一个合适的字来记录它，于是就借用了同音的表示簸箕意义的⊌这一形体来表示久借不还，表簸箕义就另外造了一个"箕"字。因此，我们说作指示代词意义的"其"是通过假借造字法造出来的。

我：甲骨文为𢦏，本表示一种兵器的名称，后借用这一形体记载第一人称代词，表示兵器的意义消失。

自：甲骨文为𦣹，本是鼻子的象形，后借用这一形体表示自己的"自"，新造了一个"鼻"字来表示鼻子的意义。

它：甲骨文为𧈙，本是蛇的象形，后借用为代词，另造"蛇"表示其本义。

来：甲骨文为𣏟，本指麦子，后借用为表示来去的"来"。

而：甲骨文为𦓐，本是人胡须的象形，《说文解字·而部》："而，颊毛也，象毛之形。"后借用表示人称代词和连词。

通过上面的例子我们发现，虽然假借字本身并没有创造新字，但它能够促使新字的产生，因而在汉字发展史上，"假借"是一个很重要的阶段。一般认为，假借的大量产生是在象形、指事、会意大量产生之后，形声造字法大量产生之前。它一方面使汉字与语言的语音发生联系；另一方面对于用象形、指事、会意等造字法难以造出的字采用假借法，省去了造字的麻烦。但是，汉字毕竟是一种表意文字，假借字使得形体和意义毫无联系，严重削弱了汉字的表意性。另外，假借字的大量运用，势必造成阅读理解上的困难，因为一个汉字身兼多职，一字表多词使得汉字的意义难以确定。所以到了一定时候，更科学的造字法——形声造字法便产生了。

（五）形声

什么是形声？许慎解释说："以事为名，取譬相成，江、河是也。"意思是说，形声字由两部分组成，一部分表示字的意义，另外一部分表示读音。例如，长江的"江"和黄河的"河"，它们在人们的口头称呼中和"工"、"可"的读音相同，就取"工"、"可"来标记它们的读音，这就是我们所说的音符（也叫声旁或声符）；它们都是河流，与水有关，就在声符旁边加个"氵"，这就是意符（也叫形旁或形符）。音符和意符一起组成"江"字和"河"字。换句话说，形声字是一边用表音符号，另一边用表意符号组成的字。音符表音，但现在的形声字音符和整字的读音并不完全相同；形符表意，形符表示的意义并不就等于形声字的字义，而是与形声字的字义有关。例如：

劈：刀（意符，劈东西一般用刀），辟（音符）

浓；氵（意符，物体的浓度总是跟水的多少有关），农（音符）

饿：饣（意符，"食"作左边的偏旁时的写法，饥饿总是与食物有关），我（音符，古音完全相同，现在声、韵、调都不同）

松：木（意符，松树是树木的一种），公（音符，古音完全相同，现在声母不同）

悲：心（意符，悲伤是一种心理活动），非（音符，古音完全相同，现在声母不同）

根据形声字来源来看，有的是在假借的基础上增加或改换形旁，有的则是在原有形体的基础上增加或改换声旁。例如：

背：甲骨文本写作 𣥂，即"北"，后"北"假借为方位词，在原有字的基础上加形旁"月"，另造形声字"背"。

腰：本写作 𤕨，即"要"字，后假借为需要的"要"，在原有字的基础上加形旁"月"，另造形声字"腰"。

溢：本写作 𥁑，即"益"字，后假借为表示利益的"益"，在原有字的基础上加形旁"水"，另造形声字"溢"表示本义。

暮："莫"本是会意字，表示日落草丛，后假借为表示否定的代词，另造加形旁"日"的"暮"表示本义"晚上"。

齿：甲骨文本作 𠚄，表示牙齿，后在本字的基础上加声旁"止"，另造形声字"齿"。

鸡：甲骨文本作 𤲃，象形，后加声旁"奚"，写作"鷄"。

与会意字各部分皆表意不同，形声字的形旁表意，声旁表音，分工明确。但部分汉字有会意兼形声的情况特殊，是会意字和形声字的兼类，俗称"亦声"，如"取"、"字"、"驷"等，其声旁亦表示意义。

形声字是汉字造字法发展的成熟阶段，它具有其他造字法不能比拟的优越性。首先，形声字有很强的孳乳再生能力，人们可以运用形声法方便自如地为层出不穷的事物造字，提高汉字的应变能力，打破了象形、指事构字法对图像的依赖和假借法表词对语境的依赖。其次，形声字的形体一半表意，一半表音，改变了过去汉字只表意不表音的状态，大大提高了汉字这一文字体系记录语言的科学性。再次，形声字的形旁和声旁具有较强的构字能力，一个形旁往往可以和多个声旁构成形声字，一个声旁也可以和不同的形旁构成形声字，这一方面提高了字符构字的效率，另一方面也增加了汉字构形的系统性。在甲骨文中，形声字约占27%，而《说文解字》中形声字7 697个，占总数的82%，此后，形声字成为汉字的主体。

在现代汉字中，形声字仍然占了绝大部分，在汉字教学和学习中，重视形声字的教学往往能够提高教学和学习的效率。但是，绝大多数形声字的形旁只能起到提示字义的作用，不能完全等同于字义；声旁本来可以表示字的读音，由于语音的演变及其他原因，声旁的读音也不能完全与字的读音等同，这是我们学习形声字要注意的。

（六）转注

转注是什么？许慎说："建类一首，同意相受，考、老是也。"对于这一个定义，古今汉字学家有多种不同的解释。例如有人认为转注指的是字义相同或相近，可以互相解释并且在同一部首里的两个字，如"舟"和"船"；有的说由于文字的意义不断增多，为了表示新的意义，就为新义造一个在原字基础上加表意偏旁的字，造出的新字表示新义，原字在新字的基础上既表意又表音，这种造字法就叫转注法，如"解"和"懈"，"解"本来是用刀分解牛角，后来发展为表示分散、离散的意义，特指精神、情绪的分散，表示这一意义另外造了一个"懈"字。

由于对转注的理解目前还有较大的分歧，我们讲六书时，一般是重点讲前五书。象形、指事、会意、形声是四种最基本的造字法，也是我们理解汉字构造的主要内容，假借不能直接造出新字，但能够促使新字的产生，也是我们应该掌握的内容。

快乐驿站四

谢石拆字

南宋高宗在位时，谢石是京城有名的拆字先生。一天，高宗微服出游，巧遇谢石拆字。高宗用手杖在地面上先写了个"一"字；又写了个"问（問）"字，因为地面不平，"问"字的"门"框分向两侧倾斜。谢石见状，连忙跪下，说："前一个字，'土'上安'一'，是'王'；后一个字，'问'飞两旁，左看右看都是'君'，您必是当今皇上了。"（显然高宗已经看出谢石不是普通的人。）次日，高宗在便殿召见谢石，写了一个"春"字，谢石看后说："秦头太重，压日无光。"高宗听了，大惊失色，叫他马上离去；秦桧知道了，把他流放到了岭南，后来死在那里。

第二节　汉字字体的演变

汉字从产生、发展至现在，历经几千年，由商代的甲骨文发展到今天的楷书，形体不断演变,结构不断调整。汉字的演变主要表现为字体的演变。从商代的甲骨文到今天的楷书,主要分两个阶段:古文字和今文字。

一、古文字阶段

古文字阶段主要是指秦代小篆及其以前的文字,除了包括殷商的甲骨文、周代金文、秦代的小篆这几种在历史上取得正统地位的古文字体外,还涵盖了先秦所出现的产生于楚国的鸟虫书、石鼓文等古文字体。下面分别加以介绍。

（一）甲骨文

甲骨文是用刀刻在龟甲和兽骨上的文字。从内容上看,甲骨文大部分是商代王室的占卜记录,所以又称为"甲骨卜辞"。自1899年在河南安阳殷墟小屯村发现大量的有字甲骨之后,甲骨文就成为目前汉字最早字体的代表。迄今所发现的甲骨在100 000片左右,经过学者们一个多世纪的认真研究,目前能考释出的单字总数在2 000个左右。

甲骨文作为早期汉字的代表,与后期汉字相比,表现为:

1. 单个字形上,字无定形、正反无别、繁简并用

甲骨文字图画性特征明显,而这种图画性的文字在描摹客观事物时,由于不同的书写者描摹的角度和着眼点不同,所呈现的字形也不同,造成了甲骨文字呈现出无定形、正反无别、繁简并用的现象。甲骨文、金文中的"车"不下几十形,例如①:

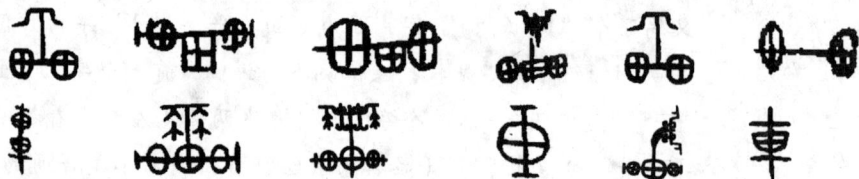

又如"龙",因为是个虚构的动物,形体本无一定,甲骨文的写法也是异体繁多。例如:

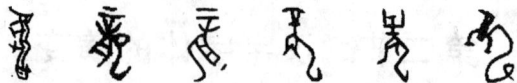

---

① 本书所引用的古文字形绝大部分来源于网站 http://www.chineseetymology.org/。

再如"为"字是个会意字，表示以手役象，甲骨文形体繁简并存，例如：

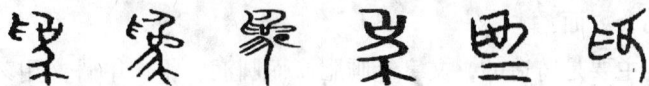

2. 异字同形现象时有出现

所谓异字同形是指两个意义完全不同的字碰巧在形体上相似甚至相同，造成释读的困难。例如"少"与"小"，《甲骨文字典》"少"字字条："自来古文字学家皆以三点的 ⁝ 为'小'，四点的 ⁞ 为'少'，甲骨文二字构形实同，应为一形。"又如，"月"与"夕"，"火"与"山"也属于这种情况。文字学家一般称之为异字同形。

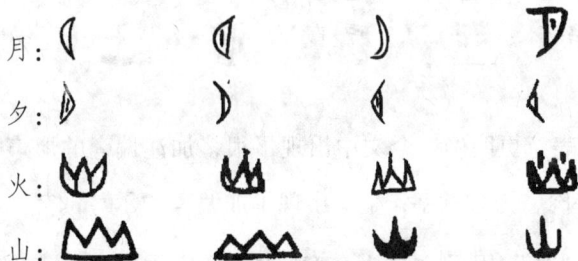

此外，甲骨文由于多数是用刀刻在坚硬的龟甲上，笔画瘦、硬，刚劲有力，刀笔味较浓。甲骨文行款也不固定，一条甲骨卜辞，既有左行直书的形式，也有右行直书、单列直书、单列横书等形式。

著录和研究甲骨文的资料目前已比较丰富。1978—1982 年郭沫若主编的由中华书局出版的《甲骨文合集》是著录甲骨文资料最齐备的总集。1988 年徐中舒主编的由四川辞书出版社出版的《甲骨文字典》是研究甲骨文必备的工具书。

（二）金文

金文主要是指商、周以来铸刻在青铜器上文字的总称。由于有文字的青铜器主要集中在周代，所以一般将金文作为周代文字的代表，但不表示商代没有金文。周代的青铜器主要以作为乐器的钟和作为礼器的鼎为代表，因此金文又叫做"钟鼎文字"。周代的青铜器除了作为食器、酒器、水器、兵器、乐器等有实用的功能外，还有用于祭祀宴飨时具有"别尊卑、明贵贱"的"藏礼"作用。在内容上，铸刻有文字的青铜器大多用于朝廷征伐记事、颂扬先祖功德、记载盟誓、铸记刑法等，记载了商周重要的史料。

金文由于书写工具和书写方式有别于甲骨文，在字形上也呈现出不同的特点。主要表现在如下几个方面：

第一，金文主要是铸造的，文字笔画肥厚而圆润，不像甲骨文用刻写的方式，文字笔画瘦硬。例如：

子：甲骨文 ——金文

第二，就字的繁简程度而言，金文不一定比甲骨文更简化，相反，部分字形比甲骨文更繁复，图画性意味更浓。如“王”字在甲骨文中的写法并不繁复，到了金文中，就出现了部分繁复的、图画性很强的写法。例如：

甲骨文：

金　文：

此外，为了表意更明确，金文中出现了很多加注偏旁的形声字，“祭”甲骨文作，字形以手持肉，为会意字，金文出现了加偏旁“示”的，字形繁化，表意信息更明显。同样，“各”甲骨文多为会意字，金文中既有会意字，又有形声字、，字形也有繁化的趋向。

第三，字形趋向规范、定形。和甲骨文相比，金文总体上逐步定形，许多偏旁位置趋于稳定。例如“逐”字，《甲骨文字典》共收 10 形，其中就有一形从（兔），一形从（鹿），其余皆从（豕）。《金文编》共收 3 形，构形基本一致，都是从“豕”从“辵”。例如：

《甲骨文字典》：

《金文编》：

第四，金文行款基本统一，一般都为直书左行，少有横行书写。如图 2－1 所示：

图 2 - 1　孟鼎铭文

　　根据现有的研究和统计成果，目前整理出来的金文单字约 4 000 个，已经释读出来的有 2 000 多个，未释读的主要是一些族徽符号和专有名称。

　　著录和研究金文的资料也非常丰富。1984—1994 年出版的《殷周金文集成》（共18 册）以及 2007 年出版的《殷周金文集成（增订修补本）》（全 8 册）是由中国社会科学院考古研究所编写的大型铭刻资料集录。此外，2010 年中华书局出版的由张桂光、秦晓华主编的《商周金文摹释总集》（1 ~ 8 册），也是目前收集金文资料最完备的专书之一。除了金文著录资料，单字集录的工具书有中华书局出版的容庚先生编纂的《金文编》①，陈初生先生编纂、曾宪通先生审校的《金文常用字典》②。

　　由于甲骨文、金文是古文字的主要代表，其形体"寓义于形"的特征特别明显，因此，甲骨文、金文字形是研究汉字发展演变的宝贵资料和重要依据。

---

　① 金文编 . 1925、1939、1959、1985，张振林、马国权（增订新版）.

　② 陈初生，曾宪通 . 金文常用字典 . 西安：陕西人民出版社，1987.

（三）篆文（小篆）

在文字学上，篆文分大篆和小篆，而大篆多指小篆之前的古文字，是小篆以前古文字的统称。根据古文大篆的各种发展形式，小篆在笔画上加以匀圆齐整，打破了甲骨文、金文因象形造字法而造成的写法的不统一，充分选取古文大篆中出现的形体简化的字形加以规范。小篆据说是秦始皇统一六国后，任命丞相李斯对秦国通行的篆文加以整理而成。汉代许慎《说文解字》以小篆作为字头，共列出了 9 363 个汉字的小篆形体，是目前所见的保存最完整的小篆资料。而流传到现在的秦代小篆的实物代表是秦刻石、秦诏权、秦诏量。其中比较有名的有秦泰山刻石，如图 2-2 所示：

图 2-2　泰山刻石（宋时尚存二百二十字，明代只存二十九字，现仅能辨识九字：辞不称、始皇帝、其于久）

和甲骨文、金文相比，小篆属于比较成熟的古文字。其主要特点如下：

1. 图画性减弱，符号性增强

甲骨文和金文作为早期汉字的代表，其象形性、图画性特征明显，很多象形的部分在小篆中都变成了不象形的符号或偏旁部件。例如：

楷体	甲骨文	金文	小篆
虎			
见			
蜀			

2. 偏旁位置固定，文字基本定形，异体大为减少

小篆的产生和出现本来就是对古文大篆的规范和整理，而这个规范和整理主要表现在汉字偏旁位置的固定和文字形体的稳定。甲骨文字形正反无别，偏旁位置任意，这种情况在金文中有所改善，但只有到了小篆中，文字字形才基本稳定。例如：

楷体	甲骨文	金文	小篆
酒			
逆			
牧			

3. 形声字成为小篆构形系统的主体

台湾学者李孝定先生研究指出：在殷商甲骨文中形声字占 27.24%，在小篆中形声字占 81.24%。[①] 李国英统计指出：在小篆中形声字占总数的 87.39%[②]。许多汉字在甲骨文、金文中并不都是形声字，或是象形、指事、会意与形声互为异体，但到了小篆中，都统一使用形声字。如"鸡"，甲骨文有多形，有的象形 ，有的形声 ，到了小篆中，统一使用形声字 。"星"，甲骨文或作象形 ，或作形声 ，小篆中一律作形声的 。小篆中的形声字一部分是通过在原有象形字、会意字的基础上加注偏旁而产生的，另一部分是通过增加和改变形旁、声旁以分化词义而产生的。例如：

楷体	甲骨文	金文	小篆
它			
表			
周			

---

① 李孝定．汉字的起源与演变论丛．台北：联经出版事业公司，1986.
② 李国英．小篆形声字研究．北京：北京师范大学出版社，1996.

云   雲   雲

小篆是古文字的终点，它上承甲骨文、金文，下启隶书，是成熟且成系统的文字，产生了较为成熟的形声系统，出现了一批构字能力强、形体固定的偏旁部件。

二、今文字阶段

甲骨文、金文和小篆属于古文字，而流传于秦代、成熟于汉代的隶书则是今文字的开端。此后，楷书、行书、草书得到了进一步的发展，成为今文字阶段的主要字体。

（一）隶书

隶书，相传为徒隶程邈所作，故称隶书。隶书分为秦隶（古隶）和汉隶（今隶）。根据史料记载，到了秦代，秦隶已在民间流行。《汉志》说："是时（指秦始皇时）始造隶书矣，起于官狱多事，苟趋省易，施之于徒隶也。"其中秦代流传的隶书是古文字形体最后的简化形式，是小篆的简率写法，被称为"篆之捷"。秦隶通行时间不长，流传的资料不多，1975 年湖北省云梦县睡虎地第十一号秦墓出土的竹简文字就是秦隶，如图 2－3 所示。而汉隶是在秦隶的基础上进一步发展的，对汉字的笔画、结构等进行了较大的改变。东汉的《熹平石经》、《曹全碑》、《张迁碑》、《石门颂》等都是汉隶的代表，如图 2－4 所示。

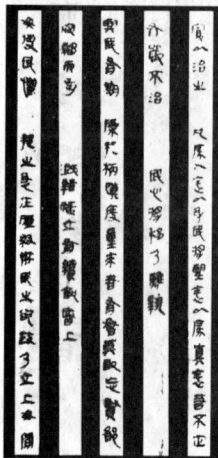

图 2－3　睡虎地秦墓竹简文字　　　　图 2－4　《熹平石经》残片

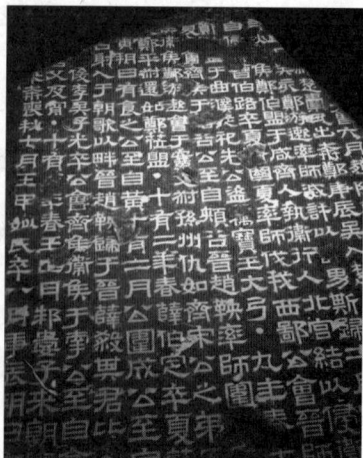

从篆书发展到隶书，形体发生了巨大的变化，我们把这种变化叫"隶变"。裘锡圭先生指出："在汉字发展史上，由古文字演变为隶书，是最重要的一次字形简化。这次简化使带有图绘性质的象形的字符变成点、横、竖、撇、捺等笔画组成的字符，大大方便了书写。"① 梁东汉先生也指出："隶变是汉字发展史上的一个里程碑，标志着古汉字演变成现代汉字的起点。有隶变才有今天的汉字……只有了解隶变，才能真正认识汉字，特别是现代汉字；只有了解隶变的起因、经过、现象、规律和影响，才能够比较清楚地认识汉族文化以及在隶变阶段取得的种种成就。"② 隶变的主要变化表现在如下几个方面：

第一，用点、横、竖、撇、捺、折、钩、挑等基本笔画取代小篆中直、横、弧等匀圆的线条。改变小篆书写中笔画线条粗线均匀、圆转绵长的特点，使汉字呈现扁方形的特点，也使汉字的笔画计算成为可能。此外，隶书汉字的笔画还有波磔、上挑的特点，形成独特的蚕头燕尾风格。我们以《曹全碑》中的汉字为代表来比较小篆与隶书（今隶）在笔画形态上的特点。如下表所示：

小篆	隶书	小篆	隶书

由上表可以看出，小篆汉字的∪、∖、⌐等弧形线条都变成了直线、折线构成的单笔画和折笔画，大大缩短了运笔的线路，简化了书写过程，提高了书写速度。由篆书的曲笔到隶书的直笔，有学者把这种变化叫做笔画的趋直性。

第二，隶变中，对汉字的一部分部件进行了简化、变形，使汉字的结构发生了根本的变化。古文字阶段的汉字，包括甲骨文、金文、小篆，在字形上的变化主要是笔势的变化，而不在结构的变化，因此，小篆无论怎样变化，都保留了古文字用形体直

① 裘锡圭. 谈谈汉字整理工作中可以参考的某些历史经验. 语文建设, 1987（2）.
② 梁东汉. 汉字的结构及其流变. 上海：上海教育出版社, 1959. 183.

接表意的特点，而隶书不但改变了汉字的笔势，更重要的是改变了汉字的结构，使得许多象形、表意的构件变成不象形、不表意的符号，使得汉字由写实的象形变成符号或笔画。例如：

更：小篆作 𠬝，是从丙从攴的会意字，但隶书中，已经无法离析出这两个部件了。

要：小篆作 𦥼，即人腰部之形。隶书已讹变为上部从"覀"，下部从"女"了，形义关系脱节。

寒：小篆作 𡨄，从人在宀下，以茻覆盖之，下有仌，整字会意。据清顾蔼吉编撰《隶辨》收汉代碑文作 寒，与小篆差异已较大。

香：小篆作 𪏽，本来是从黍从甘的会意字，东汉的《史晨碑》作 香，为隶书的规范写法，形体已经变为从禾从日了。

第三，隶变中，部分汉字的偏旁部件因所在位置的不同而发生形体的变异，即在小篆中，同一个偏旁部件写法相同，而到了隶书中却因所处位置不同而演变为不同的偏旁变体。如 心（心），小篆中无论是在左边如 𢘓（怡），还是在下边如 念（念）、𢝱（慕），写法都完全一样，到了隶书里，则分别演变为忄、心、小。又如"火"，其写法在隶书里的演变如下所示：

小篆 ──────→ 隶书

火： 火　　　　火

烧： 燒　　　　烧

然： 燃　　　　然

赤： 赤　　　　赤

光： 光　　　　光

第四，隶变中，部分形体不同的部件到了隶书中，类化为同一个部件。这大大减少了汉字常用部件的数量，同时也造成了今文字中形义关系的严重脱节。例如"黑"字下面的"四点"通常看作是"火"的变体，但在繁体字"鳥"、"鳥"中的四点则是鸟爪的象形，"馬"中的四点是马蹄的象形，"魚"中的四点是鱼尾的类化，"燕"

中的四点是燕尾的类化。又如"夫"，其来源就很多，需要具体分析小篆字形。例如：

小篆　——→　隶书

春：　𣍘　　春

秦：　𥝓　　秦

泰：　𣲗　　泰

奉：　𡢻　　奉

奏：　𡘺　　奏

　　总之，由小篆到隶书的演变，是汉字发展史上最重大的一次变化，将小篆以前古文字阶段象形性线条改变成可以离析的笔画，使笔画计算成为可能，大大提高了书写的速度，同时也打破了汉字以形会意的格局，使汉字开始朝着符号化方向发展。

　　（二）楷书

　　楷书是继隶书之后通行至今的今文字之一，又叫真书、正书。楷书始于三国时魏晋，成熟于唐代。"楷"有楷模的意思。和隶书相比，楷书的主要变化是笔画的姿态，而不是汉字的结构。例如，隶书笔势讲究蚕头燕尾，而楷书则多要求横平竖直。楷书去掉了隶书的波磔和挑法，把隶书的扁形改为正方形。可以说，楷书笔画的形成也是书写求速度的结果。现代所谓的"方块字"就是针对楷书汉字而言。

　　在历代流传的书法艺术作品中，楷书取得了最为辉煌的成就，出现了具有不同风格的楷书流派。其中的楷书四大家影响最广泛，他们分别是：唐朝欧阳询（欧体）、唐朝颜真卿（颜体）、唐朝柳公权（柳体）、元朝赵孟頫（赵体）。如图2-5、图2-6、图2-7、图2-8所示：

图2-5　欧阳询《九成宫醴泉铭》局部　　　图2-6　颜真卿《多宝塔碑》

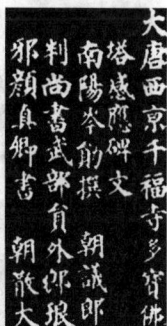

图 2-7　柳公权《玄秘塔碑》

图 2-8　赵孟頫《玄妙观重修三门记》

楷书是现代使用范围最广的字体，也是汉字初学者必须学习的一种字体。

（三）草书

草书是为书写便捷而产生的，始于汉初，是在当时通用的"隶书"基础上形成的一种写法简略的辅助性字体。依据其风格特点可以分为章草、今草和狂草三种。其中章草是由简率的隶书发展而来，兴盛于东汉末期至晋代，笔画有断有连，具有汉隶结构和体态，易于识别，如三国皇象《急就章》是其代表（见图 2-9）。今草是楷书的快写，一字之内笔画勾连不断，写法多样，自由灵活，难于辨认，以晋代王羲之、王献之父子为代表，其中王羲之的《十七帖》（见图 2-10）是最具代表性的作品。狂草是唐代以后发展起来的草书，由于大量改变字形、省减笔画、勾连不断，以至难于辨认，给人以龙蛇凤舞的感觉，遂失去实用价值，而只具有书法艺术的价值，其代表性作品是唐代张旭的《古诗四帖》（见图 2-11）、怀素的《自叙帖》。

图 2-9　皇象《急就章》选

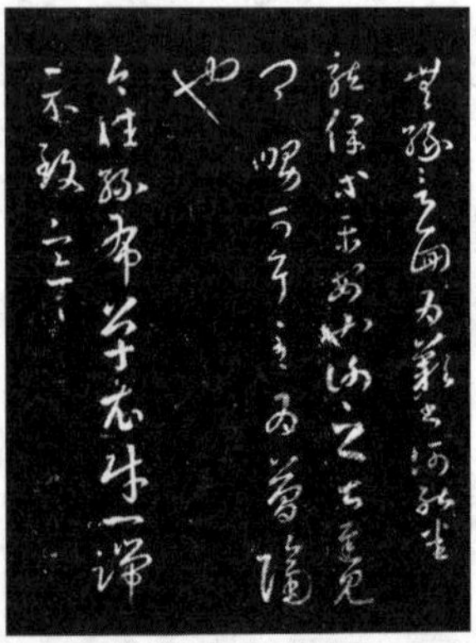

图 2-10　王羲之《十七帖》选

图 2 – 11 张旭《古诗四帖》选

（四）行书

行书是介于楷书和草书之间的一种字体。古人有言，"真书如立，行书如行"。缘起于晋代名书法家钟繇给人写信所用之书，由于书写时比楷书快捷，也比草书易于辨认，因此，行书在实用领域中使用得极为普遍，是目前手写体中应用最广泛的字体。唐代张怀瓘说："行书非草非真，在乎季孟之间，兼真者谓之真行，带草者谓之草行。"最有名的行书家当属王羲之、王献之父子。其中王羲之的《兰亭集序》（见图 2 – 12）是行书的典范。

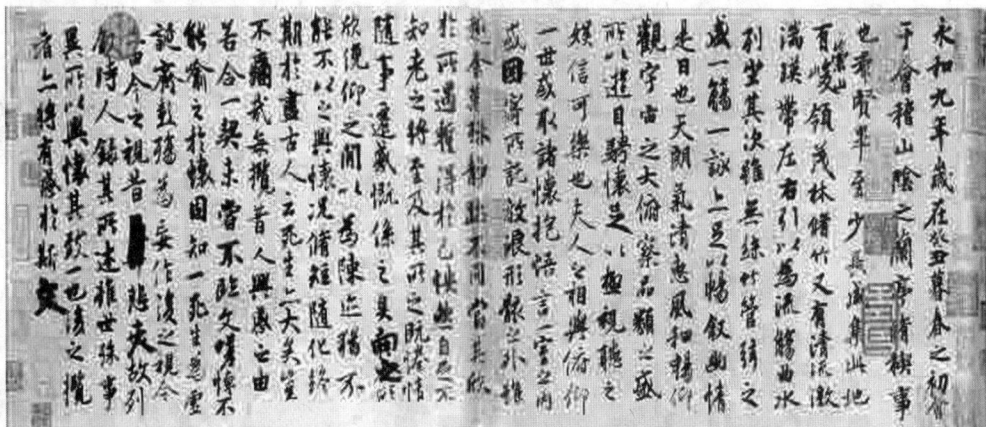

图 2 – 12 王羲之《兰亭集序》

综上所述，无论是古文字阶段的各种字体，还是今文字阶段的各种字体，其发展演变的内在动力都是书写速度。正如王凤阳在《汉字学》中指出的："全部字体演进史，概括起来，就是书写顺应手的运动生理的历史，就是根据人书写时的生理习惯去改进各种点、线的历史，就是缩短写字时字的线路、缩短写字时间的历史。"① 古文字阶段的甲骨文、金文、小篆文字主要以描摹客观物体形象为主，因此字的形态不讲究笔画的多少和笔画顺序，而在于所描摹的物象像与不像，因此字形繁简混杂、一字多形、字不定形。今文字阶段，无论是隶书还是楷书，象形的线条演变成可计算的笔画，书写朝着顺应生理运动习惯的方向发展，字形日趋符号化，汉字由写实的象形变成符号或笔画。

快乐驿站五

悟空出谜戏八戒

唐僧、孙悟空、猪八戒和沙僧，师徒四人过了万妖洞以后，一早上路，天空晴朗，风和日丽，心情格外舒畅。为了增加途中的兴味，悟空道："师弟，俺老孙给你们出谜猜猜如何？"八戒、沙僧齐声说好。悟空一本正经说道：

> 嘴巴尖尖，
>
> 两耳扇扇，
>
> 肚子圆圆，
>
> 蹄子四半。

还没等八戒反应过来，沙僧已捧腹大笑了，八戒琢磨过来后，撅着大嘴道："猴哥呀，又拿老猪耍着玩啦。"

"八戒，你不要生气。"悟空道，"我是与你开个玩笑。我再说一个你来猜，若是猜着了，就请你吃一顿美斋。"八戒一听说有好吃的，馋虫早爬到了喉咙眼上，高兴地说："一言为定。"悟空道：

> 三人骑二虫，
>
> 日在当中横，
>
> 有犬伴一者，
>
> 弯腰直哼哼。
>
> ——打二字

---

① 王凤阳. 汉字学. 长春：吉林文史出版社，1989. 212.

八戒想了半天也猜不着。悟空附耳告诉了沙僧，二人同时大笑起来。八戒摸不着头脑，想了半天也不知谜底是什么，忙向师傅唐僧讨教，唐僧忍住笑，呵斥悟空，不要取笑八戒。朋友们，悟空的谜底是什么，你们猜出来了吗？

第三节　汉字的发展规律

汉字自产生之日起，汉字系统和个体字符本身就处于不断的发展演变中，这种发展演变有着文字发展的一般规律，也有汉字发展的独特规律。有学者指出："汉字自它出现之日起，就一直没有停止过发展演变，包括字的新生和灭亡，使用范围的调整、字形及其结构的变化、笔画的简省和增繁等等。字的使用情况的变化和吐故纳新运动，是为了适应不同时期的社会生活；字形演变和笔画的简省与书写条件有着极为密切的关系，是人类在使用语言与文字过程中力求经济省力原则的体现。"[1] 无论隶变以前还是隶变以后，汉字都朝着便于实用和书写的方向发展。

一、汉字系统发展的基本规律

汉字系统发展的基本规律就是简化与繁化，音化与意化，记号化。下面分别加以介绍。

（一）简化与繁化

关于汉字的发展趋势，著名文字学家唐兰先生对此有专门的论述，他指出："文字的演变有两个方向，一是轻微地渐进地在那里变异，一是巨大的突然的变化……归纳起来，不外乎删简与增繁的两种趋势，在几千年来文字演变的过程里，这两种性质相反的工作是永远并行不悖的。"[2]

文字作为交流应用的工具，其发展的总体趋势是简化。汉字也是这样，从古文字阶段的甲骨文、金文到小篆再到今文字阶段的隶书、楷书，其发展的总体趋势就是简化，这种简化的趋势一方面受到文字发展的总体规律制约和推动，另一方面也是由文字作为书写工具这一基本性质决定的。汉字的工具性的特点必然要求书写要快捷、方便，这一基本要求是汉字不断简化的主要推动力。因此，甲骨文时期，一个字有很多

---

① 许嘉璐. 简化字溯源·序. 张书岩. 简化字溯源. 北京：语文出版社，1997.
② 唐兰. 古文字学导论（增订本）. 济南：齐鲁书社，1981. 219.

简化的写法，可以说是简体和繁体并存，例如"涉"，甲骨文中既有繁体又有简体，繁体的"𣥂"为四个，简体的为两个，到了金文中，基本都为两个"𣥂"，沿袭了甲骨文中比较简便的写法。《说文解字》中的小篆，出现了一个从两"水"从"步"的繁体和一个从"水"从"步"的简体，后来，这一简体形式发展到现代。我们选择《甲骨文字典》、《金文编》以及《说文解字》中所录"涉"字字形进行比较，可以看出这一发展趋势。

《甲骨文字典》：

《金 文 编》：

《说 文 解 字》：

汉字的简化在古文字到隶楷文字发展阶段，主要不是表现在图画性到线条性的变化，而是将太繁的文字省去一部分，如上面所举的"涉"字，又如甲骨文中的"车"字，繁简各异，最繁的"车"字画出了两轮的车厢、轴、辕、轭等部分，忠实于原物的描摹，但发展到后来，这样繁复的"车"字一律被简化的"车"字形所取代。

汉字的简化趋势既表现出渐变性，又表现出突变性。渐变性主要指汉字的简化是缓慢进行的，是指汉字在使用过程中，人民群众因为交际交流的需要而创造的各种简化写法，逐渐流传开去。突变是汉字简化在政府干预下突变的过程，如秦代李斯整理大篆、新中国成立后政府推行的简化字运动都是突变性的简化。相比较而言，渐变的发展趋势是主要的。

在简化的总体趋势下，汉字也会出现繁化，这种繁化主要体现在表意符号的叠加以及后起形声分化字的出现。在汉字发展中，许多表意符号由于形体演变的原因，表意功能弱化甚至丧失，在使用过程中增加一定的表意符号，例如"莫"，甲骨文作$\Box$、$\Box$，金文作$\Box$，小篆作"莫"，无论是简体繁体都只有一个"日"，但这个"莫"在先秦文献中不但表示傍晚的"莫"，还假借为否定性不定代词"没有人"，后来这个意义的汉字分化，作代词的"莫"用原形，表示傍晚意义的"莫"加"日"作"暮"，叠加意符，是一种字形的繁化。

汉字发展中，简化是主流趋势，有了简化的趋势，古文字阶段的汉字由象形化趋向表意化，今文字阶段的汉字由意音化趋向记号化。简化促使汉字书写更为快捷、方便，但无形中也造成了汉字表意特征的进一步弱化。恰巧，繁化是汉字发展中对简化的一定程度的补偿，是汉字发展中不可忽略的趋势之一。例如"采"，甲骨文作🌾，金文作🌾，小篆作🌾，都是从手从木的会意字，隶变之后，上面的"手"变得越来越不像手了，其表意的功能大大弱化，后来人们创造了"採"，增加提手旁来表示意义。可以说，这种繁化现象在汉字发展中较为普遍，是受到文字发展的"区别律"的制约和影响。过度的简化必然造成汉字的区别度降低，通过增加一定的表意部件有利于加强汉字形体的表意功能，从而增强汉字形体的区别度。

（二）音化与意化

在汉字发展的历史进程中，音化与意化是汉字发展的两个重要趋势。所谓音化是指个体字符的表音化趋势。在汉字体系形成的初期，音化趋势十分明显，具体表现在假借字的大量产生。假借的产生和应用，是汉字体系为了完整记录汉语采取的自我调节手段，它在一定程度上对汉字符号的数量起到了限制作用，并且使汉字与语音产生了直接的联系。根据张玉金先生[①]的统计，商代甲骨文假借字占74%左右，因此他指出：从原始汉字到殷代甲骨文、西周早期金文，汉字结构的发展方向是音化。而从西周时代起，假借字逐渐减少，意化的趋势逐渐成为主流，甲骨文时代形声字不到20%，到了汉代《说文解字》中，已经超过80%，而到了清代的《康熙字典》中，形声字已经超过90%，后代产生的新字主要是形声字。形声字既有意符又有音符，具有表意和表音的双重功能，因此形声字的大量产生反映了汉字发展的意音化趋势。

汉字的音化趋势主要表现在汉字早期，如象形字增加声旁而发展为形声字，或是直接采用假借的方式来记录词义。例如"齿"，甲骨文作🦷，后演变为🦷，增加了声旁"止"，演变为形声字，这就是音化的具体表现。而意化主要表现为形声化趋势。依靠增加形旁的后起形声字的产生就是意化的主要体现。例如"要"本来是人腰的象形，随着字形的发展演变，象形字已经不再象形，形体无法以形示意。"要"也假借用来表示要求的"要"，原来表示人腰的"腰"就是通过在原字的基础上增加肉月旁来示意的。

（三）记号化

古文字阶段的汉字字符绝大部分要么表意，要么表音，纯记号的字符相对较少，

---

①　张玉金. 汉字结构的发展方向. 语文建设, 1996（5）.

发展到现代汉字中，过去的象形符号多半不再象形而演变成记号，形声字的形符和声符也多半失去其表意表音的功能从而演变成既不表意亦不表音的记号，这就是汉字记号化的重要体现。蒋善国先生在《汉字形体学》中指出："汉字是由写实的象形变成符号或笔画。汉字从创造开始，就是写实的象形，后来渐变成符号或笔画。"如果说古文字阶段汉字的记号化还不是最主要的趋势，那么隶变之后的今文字中，随着汉字笔画化的实现，记号化既成为汉字发展的主要趋势，也是汉字发展的最终趋势，这是由文字的性质决定的。

二、个体字符的发展举例

无论是简化与繁化，还是音化与意化或记号化，都是汉字系统总的发展规律。而每个个体汉字的发展既遵循总的发展规律，同时又有其独特的个性。现代常用汉字都是由古代汉字发展而来的，尤其是一部分构字能力强、笔画简单的独体汉字，是汉字发展中的"源"，也是汉字系统产生最早、构字能力最强的早期文字。有学者将这部分汉字称为"初文"。搞清楚这部分"初文"的发展脉络，有利于我们更好地理解一部分构字能力强的偏旁部件的形义关系。下面我们举例进行说明。

1. 人

"人"在现代汉语中是个常用词，又是常用的构字部件，处在字的左边作"亻"，如"他"、"但"等，处在字的上边作"人"，如"食"、"令"等；古文字中的"人"有侧面而立的人形，作"^形"，如"亻"；也有处于下部半蹲的人形，如"^形"，后发展成"儿"。至于"食"、"令"上部所从之"人"，都是由别的部件讹变而来。见下列汉字演变图：

	甲骨文	金文	小篆	隶书
休:				休
兄:				兄
令:				令
食:				食

2. 示

"示"在现代汉语中是个常用词，又是常用构字部件，处在字的左边作"礻"，如"祝"；处在字的下边作"示"，如"祭"、"禁"等。在古文字中，无论处在什么部位，都作" "，是古人死后灵牌位的象形，凡从"示"的字，大都与鬼神祭祀有关。例如：

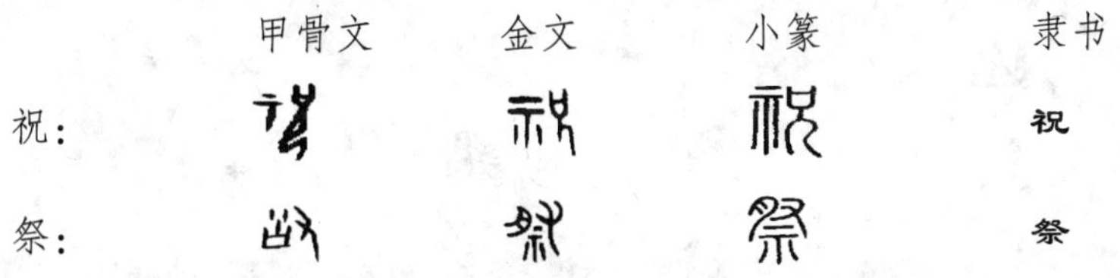

	甲骨文	金文	小篆	隶书
祝：				祝
祭：				祭

3. 又

"又"在现代汉语中是常用副词，又是常用构字部件，可以处在字的左边，如"劝"；字的右边，如"权"；字的上边，如"圣"；字的下边，如"支"。"又"在古代是个象形字，作" "为三指之形，有别于" （手）"的五指之形。"又"在字中多作形旁，如"取"、"友"、"及"、"叟"、"隻（只）"、"雙（双）"、"有"等，简化字中一部分"又"作为记号，如"圣"、"对"等。例如：

	甲骨文	金文	小篆	隶书
取：				取
友：				友
及：				及
叟：				叟
隻：				隻
雙：				雙
有：				有

4. 火

"火"在现代汉语中是常用词，又是常用构字部件，在左边作"火"，如"烧"、"烤"；在下边作"灬"，如"黑"、"然"等，都是形旁，表示与"火"相关，但一部分现代汉字中的"灬"与"火"无关，是其他部件的讹变，如"燕"、"鱼"、"馬"等。古文字中的"火"为象形字，象火焰上腾之形。例如：

	甲骨文	金文	小篆	隶书
火：	山		火	火
黑：		累	累	黑
然：		燃	燃	然

5. 攴

"攴"在现代汉语中不是个常用词，却是常见构字部件，一般写作"攵"、"攴"。《说文解字》："攴，小击也。从又卜声。""败"、"教"、"牧"等字中都写作"攵"，"寇"字中写作"攴"。例如：

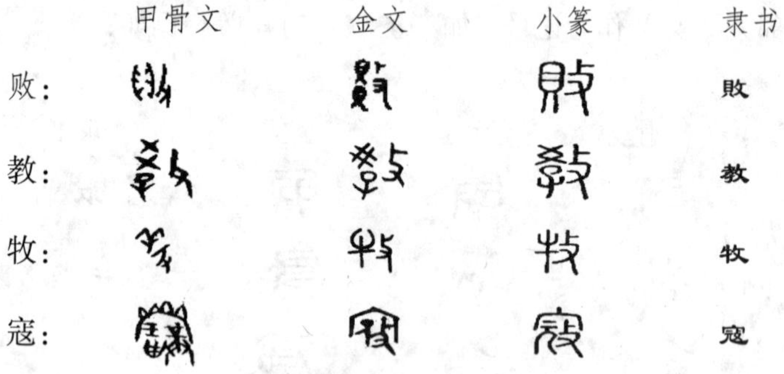

	甲骨文	金文	小篆	隶书
败：	㪣	敗	敗	败
教：	敎	敎	敎	教
牧：	牧	牧	牧	牧
寇：	寇	寇	寇	寇

6. 宀

"宀"在现代汉语中不是个常用词，但它是常见构字部件，古代读作"mián"，写作"宀"，现代称作"宝盖头"，作形旁，表示房屋义，如"家"、"宿"、"宦"、"安"等。见下图：

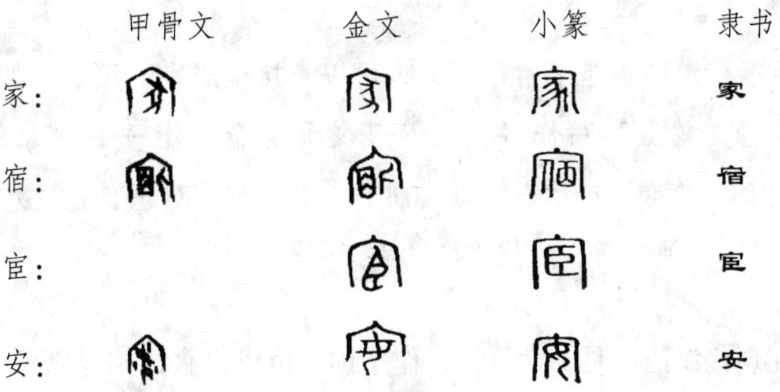

	甲骨文	金文	小篆	隶书
家：				家
宿：				宿
宦：				宦
安：				安

7. 邑

"邑"在现代汉语中不是个常用词，可以作为声旁组成"悒"、"挹"、"浥"等字。古文字中写作邑，表示城邑，现代汉字中一般作为构字的部件放在字的右边，写作"阝"，俗称"右耳朵旁"，其意义多与行政区域有关，如"都"、"郊"、"郭"、"部"等。见下图：

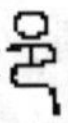

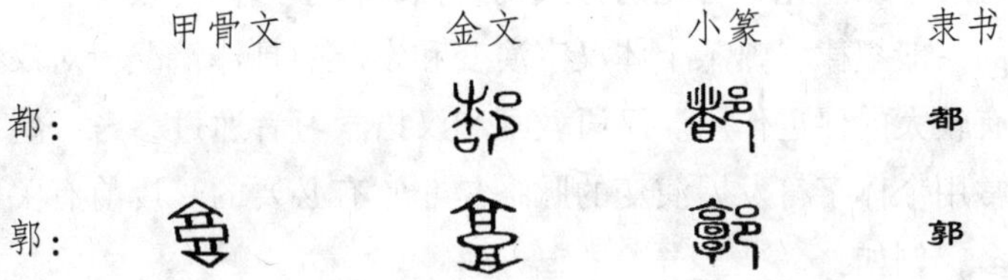

	甲骨文	金文	小篆	隶书
都：				都
郭：				郭

8. 阜

"阜"在现代汉语中不是个常用词，可以作声旁组成"埠"。古文字写作"阝"，现代汉字中一般作为构字的部件放在字的左边，写作"阝"，俗称"左耳朵旁"，其意义多与地形地势有关，如"阴"、"阳"、"降"等。见下图：

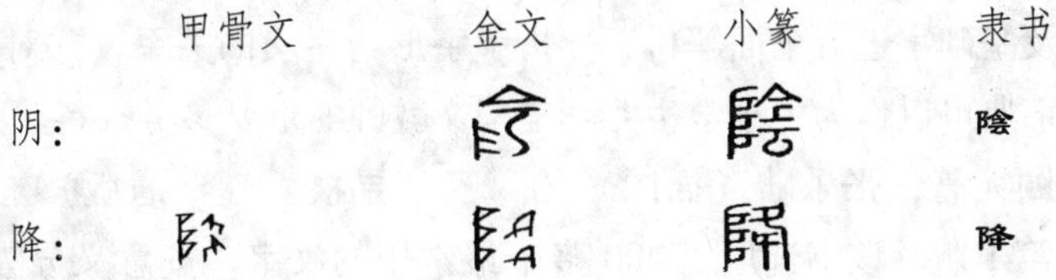

	甲骨文	金文	小篆	隶书
阴：				陰
降：				降

9. 玉

"玉"在现代汉语中是个常用词，也可以直接构成别的汉字，如"宝"、"国"、"钰"等。甲骨文"玉"写作 丰，象串玉之形，金文作 王，小篆作 王，与"王"（王、王）相似，隶变之后加点，以区别于"王"字，而处于字左边的玉字旁则不需加点，如"理"、"瑰"等，现代称作"斜玉旁"。

10. 页

"页"在现代汉语中是个常用词，作量词，也可以直接构成别的汉字，如"顾"、"頭"、"题"、"项"、"颜"等。古文字中"页"作 页、页，都表示人头，现代汉字中的构字意义也为人头，如"颜"，金文作 颜，小篆作 颜，《说文解字》："眉目之间也，从页彦声。"后表示印堂之义。又如"显（顯）"，甲骨文作 顯，表示日光照射下，丝缕看得清楚，所以有明显之义。

无论是汉字系统总的发展规律，还是个体字符的历史发展演变，都遵循书写简易律和区别律两种规律。因为有简易律，汉字发展的总体趋势是由繁趋简；由于有区别律，汉字在发展中以意化、音化的方式调整强调汉字形体的表音、表意特点。了解汉字系统发展的一般规律，熟悉个体汉字演变和发展的具体情况，对汉字的使用和汉字的教学将具有较大的促进作用。汉语教师和汉语学习者通过参考一些汉字源流发展的著作，了解常用个体字符发展演变的脉络是非常有必要的。目前有关汉字源流发展的参考书籍较多，例如：

（1）曾宪通、林志强主编的《汉字源流》，由中山大学出版社于 2011 年 3 月出版。该书为普通高等教育"十一五"国家级规划教材。作者均为长期从事古文字研究的权威学者，其严谨、系统、科学的内容使之成为同类教材中的翘楚。该书具有较强的理论性，所举字例又极具代表性，对古文字学研究爱好者和汉语教师具有重要参考价值。

（2）谷衍奎的《汉字源流字典》，由语文出版社于 2008 年 1 月出版。该书通过分析甲骨文、金文等古文字字形，并辅之以文化、文献及民俗的证据，对具有较强构字能力的偏旁及基础字进行全面解析，分析了字形与字义的关系，并对字义的发展进行了梳理。本字典可以作为中小学生尤其是华文教师的重要参考资料。

（3）吴颐人著，张乐陆（插图）的《汉字寻根》（卡通版），上海人民出版社 2009 年 7 月第 1 版。该书选取了 400 多个最常用的汉字，按意义分为动植物、人体、器物、天象、地理等六个门类，以楷书为字头，插入形象的绘画，并列举此字的图形文字、甲骨文、金文、古玺、石鼓文、秦篆、汉隶等古文字形，解析浅显易懂，注重文字学知识的普及。该书适合有一定汉语基础的汉语学习者和进行汉语教学的教师。

汉语教师和汉语学习者通过参考相关著作，对汉字的源流、发展有所了解，无疑有利于汉字的教学和学习。

聪明的徐孺子

汉朝，有一个聪明的小孩叫徐孺子。有一天，他看见隔壁的郭先生要砍掉院子里的一棵树。徐孺子很奇怪，就问郭先生："这棵树长得挺好，为什么要砍掉呢？"郭先生说："这院子方方的，种了树木，就好像一个'困'字，很不吉利。"徐孺子听了，不觉笑了起来，他随手在地上写了一个字，然后说："您看，照您的意思，如果砍掉了这棵树，住在四四方方的院子里，不是更不吉利了吗？"郭先生看看徐孺子写在地上的字，觉得他的话很有道理，就不再砍树了。徐孺子在地上写了一个什么字呢？请你想一想。

思考练习二

一、北宋王安石著的《字说》一书，对汉字的形义进行了一些突破常规的解释。例如他说"波者，水之皮"，"被者，衣之皮"，"坡者，土之皮"。文学家苏轼对此反驳说："既然波者水之皮，那么滑者水之骨也。"请从古代汉字的构造角度谈谈王安石汉字说解存在的问题。

二、汉字真有趣，不信你来试。添上一个字，摇身变新字。

例：九、牙、古、卢、昔（鸟）鸠 鸦 鸪 鸬 鹊

力、土、木、千、丁（　　）_____ _____ _____ _____ _____

几、干、日、中、且（　　）_____ _____ _____ _____ _____

白、里、不、鬼、京（　　）_____ _____ _____ _____ _____

少、分、青、木、米（　　）_____ _____ _____ _____ _____

土、大、发、占、付（　　）_____ _____ _____ _____ _____

兆、丈、直、支、寸（　　）_____ _____ _____ _____ _____

龙、贝、它、朵、豪（　　）_____ _____ _____ _____ _____

则、斯、力、人、相（　　）_____ _____ _____ _____ _____

大、子、良、宗、需（　　）＿＿＿＿ ＿＿＿＿ ＿＿＿＿ ＿＿＿＿ ＿＿＿＿

巾、王、交、完、鬼（　　）＿＿＿＿ ＿＿＿＿ ＿＿＿＿ ＿＿＿＿ ＿＿＿＿

三、请分别指出下列汉字属于六书中的哪一种。

日（　　）　　大（　　）　　果（　　）　　伐（　　）　　舟（　　）

木（　　）　　水（　　）　　一（　　）　　上（　　）　　鸟（　　）

犬（　　）　　从（　　）　　背（　　）　　江（　　）　　森（　　）

既（　　）　　取（　　）　　得（　　）　　急（　　）　　霜（　　）

心（　　）　　库（　　）　　我（　　）　　其（　　）　　特（　　）

旁（　　）　　删（　　）　　海（　　）　　眉（　　）　　爪（　　）

四、"六书"中，会意字是一种很有趣的构字方法，下面用歌谣的形式分析了一些常见的会意字，你能在括号中填出相应的会意字吗？

双木并生为＿＿＿＿＿＿，三人相聚为＿＿＿＿＿＿，江边落鸟为＿＿＿＿＿＿。

两人相随为＿＿＿＿＿＿，两手分物为＿＿＿＿＿＿，日光照耀为＿＿＿＿＿＿。

上小下大为＿＿＿＿＿＿，八刀相割为＿＿＿＿＿＿，山中峡谷为＿＿＿＿＿＿。

日月同辉为＿＿＿＿＿＿，色彩丰富为＿＿＿＿＿＿，天下益虫为＿＿＿＿＿＿。

众认不好为＿＿＿＿＿＿，不端不正为＿＿＿＿＿＿，用刀裁衣为＿＿＿＿＿＿。

土中生火为＿＿＿＿＿＿，草长田上为＿＿＿＿＿＿，鸟口发声为＿＿＿＿＿＿。

眼睛流水为＿＿＿＿＿＿，眼皮下垂为＿＿＿＿＿＿，小小灰土为＿＿＿＿＿＿。

土里藏物为＿＿＿＿＿＿，以火烧林为＿＿＿＿＿＿，日日向上为＿＿＿＿＿＿。

五、形声字是现代汉字中常见的类型。利用形声字编写儿歌帮助记忆同偏旁的汉字是一种有趣且有效的方式，请仿照下列方式编写三首形声字儿歌。

"羊"字歌	"尧"字歌
君子赶着一群羊，（群）	用火烧，用水浇，
一旁显示呈吉祥，（祥）	东边日出是拂晓。
有木在旁做榜样，（样）	左边绞丝弯弯绕，
有气在上不缺氧，（氧）	换上提手是阻挠。
有水翻滚是海洋，（洋）	插上羽毛尾巴翘，
生病难受痛又痒。（痒）	丰衣足食很富饶。

第三章　汉字的形体及应用

现代汉字形体从结构上分为独体和合体两大类。独体字由笔画直接组成，合体字由笔画组合成部件，再由部件组合成整字。因此，笔画、部件、整字是构成汉字的层级单位。独体字笔画简单并且多数是常用字，学习和记忆的难度并不是很大。合体字在现代常用汉字中占绝大部分，笔画多、结构复杂，是教学和学习的重点与难点。在现代汉字书写、认读教学中，独体字中的笔画、笔顺，合体字中的部件、结构是汉字教学和学习的基础与关键。

第一节　笔画及其应用

笔画是现代汉字字形的基本结构单位，也是汉字的书写单位。每一个汉字，无论是独体字还是合体字，都是由不同笔画交错构成的。写字的时候，由起笔到提笔，不管笔头在纸上所走的路线是横的还是竖的，是长的还是短的，是直的还是弯的，都是一个笔画。笔画是构成字形的各种形状的点和线，是汉字字形的基本结构单位。写汉字时，多一笔少一笔往往构成不同的汉字。有这样一个笑话，添笔画改字，利用的就是笔画的这一特点。

一位主妇正在忙着做家务活，看到丈夫和儿子坐在沙发上嘻嘻哈哈地看电视节目，气不打一处来，拿起笔在纸上写了一行字贴在墙上：

"家务劳动人人有责！"

儿子看了，搬来一把椅子，在妈妈写的字上只加了一笔，就变成了：

"家务劳动大人有责！"

孩子的父亲看了，也过去加了一笔，就变成了：

"家务劳动夫人有责！"

笔画是汉字构形的基本要素，但汉字笔画并不是与生俱来的。在隶书以前的古文字阶段，汉字是以形会意的，字形或多或少带有图画的性质，因此，汉字并无笔画可言。到了隶书中，古文字圆转不断的线条才变成点、横、竖、撇、捺等方折的线条，真正实现了汉字的笔画化。此后，汉字的笔画计算成为可能。

在历代书法文论中，对于笔画的论述较为少见。值得一提的是晋朝卫夫人在《笔阵图》中提到了汉字的七种笔形，分别是横、竖、撇、点、斜钩、横折钩、横斜钩。后唐朝张怀瓘作"永"字八法，如下图：

"永"字八法是书法上的运笔要领，不是笔画的分类，其中"啄"与"掠"，"策"与"勒"都是同方向的线条，根本不能看作是不同的笔画。可见，"永"字八法主要针对的是汉字的笔势而不是笔画名称，是书法用笔的法则而不是汉字笔画名称的概括。

在 20 世纪中期，学界兴起了关于字典、辞书"笔画笔形检字法"统一问题的讨论，1964 年汉字查字法工作组推荐了一种"札字法"的笔画顺序，经过学界的讨论，最后确定按照"横、竖、撇、点、折"即现代所谓的"札字法"排序检字，于是"札字法"也就成为《印刷通用汉字字形表》、《现代汉语通用字表》、《新华字典》（部首检字表）等众多语文工具书中常见的笔画顺序和笔画分类。"札字法"对汉字笔画的归纳简洁明了，便于掌握，后来成为手机、电脑笔画输入的规定笔画。

一、现代汉字的笔画

笔画是指汉字书写时不间断地一次连续写成的一个线条，即从落笔到提笔在纸上不间断书写的线条，是汉字的最小构成单位。从静态层面来说，楷书笔画可分为横（一）、竖（丨）、撇（丿）、点（丶）、捺（丶）、折（一）等几类，而在实际书写中，书法家对笔画的分类更细致，分析出了许多基本笔画的变体，一般叫做笔形。

　　汉字的笔形即汉字笔画的形状。不同的著作对汉字笔形的归纳存在一定的差异。分歧的原因很多，但主要还是由于对笔画分类的目的不同导致标准和结果的不同。如果分类时着眼于构造字形的最小单位，就应该突出每类笔画的总体特点，强调它们在组成不同部件和整字过程中的区别特征，至于在构字的区别特征总体相同的前提下有这样那样的细微变化，在分类时可以忽略不计，因而分类的结果宜粗不宜细；如果主要是出于书法需要，则应该注意每类笔画在不同位置上的多变形态，强调各种变化形态的个性，分类的结果则宜细不宜粗。

　　从汉字教学的角度看，笔形的种类划分既不能太细也不能太粗。"札字法"从检字法的角度将所有笔画分为横、竖、撇、点、折五种，其中前四种是没有转折的单笔画（提是横的变体，归为横，捺是点的变体，归为点，都属于单笔画）。从汉字教学的角度将没有转折的常见单笔画确定为横、竖、撇、点、捺、提。这些单笔画虽然没有转折，但从书写的角度来看，却有很多的变体，是写字教学中需要区分的内容。如下表：

单笔画	变体笔画	笔形	例字
横	平横	一	王（第四笔）
	斜上横	一	七（第一笔）
竖	长竖	丨	丰（第四笔）
	短竖	丨	师（第一笔）
撇	平撇	丿	千（第一笔）
	竖撇	丿	月（第一笔）
	斜撇	丿	人（第一笔）
点	斜点	丶	主（第一笔）
	长点	丶	双（第二笔）
	撇点	丿	少（第二笔）
捺	平捺	㇏	之（第三笔）
	斜捺	㇏	大（第三笔）
提	点提	㇀	冰（第二笔）
	横提	㇀	现（第四笔）

　　折笔是由横、竖、撇、点四种单笔画配合折角、弯角、钩角这三种折点组成的复合笔画，也叫折笔笔画。2010 年中华人民共和国教育部国家语言文字工作委员会发布了《GB13000.1 字符集汉字折笔规范》，按照折笔笔形分类宜粗不宜细的原则规定印刷宋体的折笔笔形共分 25 种，如下表所示：

GB13000.1 字符集汉字折笔笔形表

折数	序号	名称		笔形	例字
		全称	简称（或俗称）		
1 折	5.1	横折竖	横折	㇕	口见舆己罗马丑贯/敢为
	5.2	横折撇	横撇	㇇	又祭之社登卯/令了
	5.3	横钩	横钩	㇀	买宝皮饭
	5.4	竖折横	竖折	㇄	山世岖/母互乐/发牙降
	5.5	竖弯横	竖弯	㇄	四西尢
	5.6	竖折提	竖提	㇗	长瓜鼠以瓦叫收
	5.7	撇折横	撇折	㇜	公离云红乡亥/车东
	5.8	撇折点	撇点	㇛	女巡
	5.9	撇钩	撇钩	㇒	乄
	5.10	弯竖钩	弯钩（俗称）	㇂	犹家
	5.11	捺钩	斜钩（俗称）	㇂	代戈

（续上表）

2折	5.12	横折竖折横	横折折		凹卍
	5.13	横折竖弯横	横折弯		朵
	5.14	横折竖折提	横折提		计颓鸠
	5.15	横折竖钩	横折钩		同门却永要万母仓/也
	5.16	横折捺钩	横斜钩（俗称）		飞风执
	5.17	竖折横折竖	竖折折	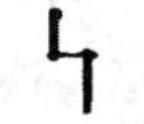	鼎卐亞吳
	5.18	竖折横折撇	竖折撇		专/奊/矢
	5.19	竖弯横钩	竖弯钩	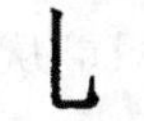	己匕电
3折	5.20	横折竖折横折竖	横折折折	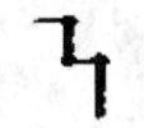	凸
	5.21	横折竖折横折撇	横折折撇		及延
	5.22	横折竖弯横钩	横折弯钩		（乙）几丸/艺亿
	5.23	横折撇折弯竖钩	横撇弯钩		阳部
	5.24	竖折横折竖钩	竖折折钩	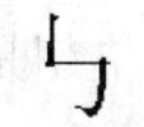	马与钙/号弓
4折	5.25	横折竖折横折竖钩	横折折折钩		乃/杨

如上表所示，“心”在印刷体汉字中第二笔作竖弯钩，而手写体中一般写作“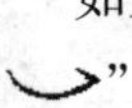”，俗称“卧钩”。

按照起笔来划分，又可以把单笔和折笔笔画分为如下几类：

（1）起笔为横的：横，横提，各种横折笔画；

（2）起笔为竖的：竖，各种竖折；

（3）起笔为撇的：撇，各种撇折；

（4）起笔为点或捺的：点，捺，捺钩。

其中第四种起笔为点或捺的折在楷体汉字中其实并不存在，常见的就是起笔为横或竖的折。这些折笔笔画的折数不等，少的有一折，多的达四折。在华文汉字教学中，折笔笔画的名称较难统一，影响了学习者对汉字笔画的认读和书写，存在的问题主要是：折笔名称全称太长，简称名实不符；命名方式混乱，一些折笔笔画单纯从字形上难以分辨清楚。例如折笔笔画中，横和竖组合的折笔笔画一般叫做折；如横折、竖折；横、撇组成的折笔笔画叫横撇，如了；而撇、横组成的折笔笔画叫撇折，如厶，命名方式不统一。横斜钩乀、横折弯钩乙，两个笔画很难区分，书写中常常混淆。横折折撇彡、横折折折钩彡、横撇弯钩彡，三个笔画常混淆。此外，横折折撇在印刷体和手写体中存在一定的差异，例如印刷楷体"辶"，两笔写完，而手写体楷书中必须写作三笔：点、横折折撇、捺。这些问题都是汉字笔画教学的难点。

笔画的种类与笔画的切分关系密切，目前笔画切分遵循汉字笔画书写的基本规则：

第一，写任何一画，笔头只能从笔画的一头向另一头过一次，不能回笔。

第二，就每一种基本笔画而言，"横"只能从左到右；"竖、撇、捺、点"只能由上向下；"提"只能由下而上；"折"无论转折几次，走向只能向下向右，没有向左向上的"折"。

有了这两条，一般字的笔画数都能准确地数出来。例如：凹、凸都是五笔，其中凹的第二笔为横折折，凸的第四笔为横折折折。当一个笔画的头跟另一个笔画的头相接的时候，有时会遇到麻烦，判别的方法大致有这么几条：

第一，笔画与笔画在左上角相接时，分作两笔，如：几、口、日。

第二，笔画与笔画在左下角相接时，有两种情况：全包围结构的字分作两笔，如：回、田、四；不是全包围结构的字，连为一笔，如：山、区、臣、画。

第三，笔画与笔画在右上角相接时，连为一笔，如：司、刁、句、月。

第四，笔画与笔画在右下角相接时，分作两笔，如：由、自、省、雷。

笔画数的计算只出现在标准字体中，且以硬笔楷书为基础，不涉及毛笔书法。笔画的歧异主要是由于在不同的字中相连接的笔画断连问题存在差异，这主要出自字源和书法两个方面的原因。例如"了"在日常手写体中多一笔完成，而在笔画计算中应看作两笔。"巨"在传统的书法书写中，外面的"匚"多看作三笔，现代字中的笔画计算是两笔。对于大多数汉字来说，字的笔画计算是没有分歧的，只有少数字的笔画存在历史与现时、印刷与手写的差异和分歧。随着汉字整理工作的进一步完善，汉字定形工作将主要集中在汉字笔画的确定上，这有利于汉字的笔画检字、索引。

在汉字字形中，笔形和笔画数量是两个基本的构形要素。就笔形而言，无论是基本笔形还是折笔笔形，在汉字中的出现频率并不一样，频度最高的笔画是横，其次是竖，最少的笔画是"横折折折（ㄅ）"，只出现在一个汉字中。就笔画数而言，少的只有一笔（如"一"、"乙"），多的可以达到几十笔，如 3 500 个常用汉字范围内笔画最多的是"矗"，24 画；7 000 个通用汉字范围内，笔画最多的是"齉"，36 画。《汉语大字典》所收的 54 678 字范围内，笔画最多的是由四个繁体"龙"（龍）组成的字，读 zhé，64 画。3 500 个现代常用汉字中，9 画的字最多，其次是 8 画和 10 画的汉字，平均笔画为 9.741 画。7 000 个通用汉字中，9 画的字最多，其次是 10 画和 11 画的汉字，平均笔画为 10.75 画。此外，根据相关调查研究发现，越是常用的汉字，平均笔画越少。

识字教学、查检索引和机器处理汉字，都需要准确的笔画数。要准确计算笔画数，必须满足两个条件：一是统计的对象是规范字形（如"鬼"规范字形 9 笔，旧字形是 10 笔），二是遵守汉字笔画书写的基本规则。

二、笔顺及其原理

有了笔画的分类，自然就有了笔画顺序的规定。一个字先写哪一笔，后写哪一笔，即合理的笔画书写顺序，叫做笔顺。汉字的笔顺规则是经过历代书法家在书法实践中摸索总结出来的书写顺序规则，是保证汉字书写正确、端正、美观的关键。汉字字数众多，书写者在书写汉字时往往有自己的理解和安排，在汉字教学中，不可能逐字教学生具体的笔画顺序，但所有汉字一般都遵循基本的笔顺规则。

现代汉字笔顺的基本规则有七条：

第一，先横后竖。如：十、干。

第二，先撇后捺。如：八、木。

第三，先上后下。如：三、合。

第四，先左后右。如：川、洲。

第五，先外后里。如：月、同。

第六，先外后里再封口。如：国、回。

第七，先中间后两边。如：小、水。

这七条笔顺规则的依据并不完全相同。其中"先左后右"、"先上后下"集中体现了人书写时趋右趋下的运动生理习惯，是所有笔顺规则的基础，其他规则是这两条基本笔顺规则的具体化和应用而已，如"先撇后捺"就是"先左后右"规则的具体体现形式，因为在汉字中撇一般处在字的左边，没有右行的撇，捺一般处在字的右边，没有左行的捺。此外，"先左后右"、"先上后下"既是独体汉字笔画顺序的安排规则，也是合体汉字中部件顺序的置换规则。

除了上述七条外，还须注意四条补充规则：

第一，关于点的笔顺，应注意：点在左上先写，如：斗、为、门；点在右上后写，如：戈、发、我；点在里面后写，如：瓦、勺、玉。

第二，竖在上面（在横的左边）、在上包下或全包围结构里，一般先写。如：战、冈、圈。

第三，两面包围结构的字，应注意：左下包围结构，一般先内后外，如：过、延、画；用于外包围结构的偏旁笔画多、所占面积大的，先外后内，如：题、赶、勉；上右或上左包围结构，一般先外后内，如：厅、虱。

第四，三面包围结构的字，应注意：缺口朝上的，一般先里后外，如：画、函；缺口朝右的，一般先上后里再右下，如：医、匹。

笔顺与书写过程密切相关，一方面，合理而规范的笔顺可以防止漏写笔画，有助于把字写正确；另一方面，按照科学的笔顺书写，可以使字的结构匀称，从而达到书写的美观。此外，合理的笔顺都是遵循便捷的原则，笔画与笔画之间动程短，因此书写快速而方便。

笔顺规则是几千年来汉字书写技巧和书法艺术的经验总结，虽然有人为规定的成分因素，但基本笔顺规则和补充笔顺规则却蕴涵着内在规律。了解这些规律和原则有助于我们更好地掌握汉字的笔画顺序，也便于我们在面对一些字的笔顺分歧时作出更好的选择。汉字笔顺所遵循的基本原则如下：

第一，便捷原则。汉字书写是一种由大脑指挥，手腕、手指共同合作的运动技能。古代汉字书写的行款大部分是竖行书写，从右往左。现代汉字是横行书写，从左往右，从上往下，并且绝大部分人是用右手来书写，因此运笔的趋右性、趋下性使得汉字笔顺规则"从左往右"、"先上后下"得以形成。汉字中横、竖，撇、捺常结合使用，且撇一般在左，捺一般在右，由此又派生出"先横后竖"、"先撇后捺"的笔顺规则。现代汉字中80%左右的汉字为上左起笔下右收笔，要达到快捷、方便，书写顺序就应该符合右手的运动习惯和书写行款的要求。著名书法家启功先生谈到笔顺时说："这种顺序是怎么产生的，谁给规定的？回答是由于写时方便的需要。写字用右手，不仅汉字，即世界各族人，也都如此。汉字写法习惯，每字各笔画的先上后下，先左后右，是怎么形成的？不难理解，如果倒过来写，先下后上，在写上笔时，自己的手和笔，遮住了下一笔，写起即不方便。'顺'字，即是便利的意思。"①

　　第二，最短线路原则。书写迅速需要缩短运笔的线路，使笔少走空路或回头路。因此书写时的最短线路，即两笔之间或整字之间的最近距离是确定笔顺的基本原则。基本笔顺规则"先横后竖"就是古代汉字书写中单行下行时受最短线路的制约而形成的。例如王凤阳《汉字学》中通过分别描画在下行书写中字与字的动程长短来论证"先横后竖"或"先竖后横"两种笔画规则的优劣，从下图可以看出，左边按照"先横后竖"规则书写的汉字，右边按照"先竖后横"书写的汉字，右边一列字与字的动程明显大于左边汉字，这说明"先横后竖"规则适合竖行书写中汉字书写的最短线路原则，而现代汉字横行书写中则有所不同。

十 十
千 千
开 开
井 井
车 车
丰 丰

　　因此，一些字出现了两种或三种通行的笔画，按照便捷原则可以存在几种写法，例如"方"，第三笔既可以写撇，也可以写横折钩，根据最短线路原则，我们发现第三笔写横折钩时，横折钩的落笔到撇的起笔之间的线路最短，因而这种笔顺也最合理。

　　第三，楷书、行书（尤其是带有草书性质的行书）相区别的原则。楷书要一笔一笔地写，不能有连笔，而行书和草书有连笔、带笔、省笔，因此具体到某些字时，笔顺不完全相同，例如"王、主"等字，楷书都是先写上面两横，再写竖，行书和草书都是先"横、竖"，再"横、横"。"有"字楷书先横后撇，行书先撇再连横。

---

①　启功．书法概论．北京：北京师范大学出版社，1986.37.

第四，系统原则。相关结构类型的字采用大体相同的笔顺，使其基本的笔顺规则可以类推。如楷书中"王、主、美、青"中的不出头的三横一竖的笔顺是"横、横、竖、横"，而"羊、丰"中出头的三横一竖是"横、横、横、竖"。系统原则在实践、运用时也会带来问题，例如，同一个字在体现汉字笔顺系统原则的前提下，由于遵循不同的笔顺规则，出现了写法不同但都通行的笔顺，如"母、舟"按照横在中间地位突出的结构字中横后写的原则，应该是横后写，但根据从上到下的原则是"点、横、点"。常用字中一些有分歧的笔顺主要是对基本规则的取舍不同或者对系统原则的贯彻不同造成的。

绝大多数汉字按照笔顺规则书写，它是人们正确书写汉字的经验总结。笔顺的错误虽不会引起交际上的麻烦，但笔顺是汉字学习的重要内容，搞不清楚字的笔顺，就无法使用字典、词典等工具书，也无法用笔顺输入法打字。另外，按照笔顺规则来书写汉字，可以写得正确、迅速、美观。目前，通用汉字的笔顺规则都以 1997 年 4 月 7 日国家语言文字工作委员会和新闻出版署公布的《现代汉语通用字笔顺规范》为准，《现代汉语通用字笔顺规范》用跟随式、笔画式、序号式三种形式把 7 000 个通用字的笔顺都标示出来了，明确了楷体汉字的具体笔画顺序，是汉字教学和信息处理的重要依据。马显彬《汉字笔顺类推手册》利用汉字结构的层次性，分析出 7 000 个汉字中可以类推笔顺的汉字和不可以类推笔顺的汉字，是掌握汉字笔顺不可或缺的工具书。[①]

三、笔画笔顺与汉字教学

笔画是构成汉字字形的基本结构单位，是认读汉字和书写汉字的基础，也是汉字教学的起点，教学效果的好坏直接关系到学生对汉字学习的兴趣和信心。在华文教育初级阶段，学习者对汉字字形的认知大多数停留在图画、符号层面，认为汉字是一幅幅图画，不知道从哪儿开始，到哪儿结束，这说明学生没有建立笔画意识，没有正确的汉字字感。要让学生逐步建立正确的字感，就需要从汉字教学的初级阶段有效地解决笔画、笔顺的教学，使学生能够运用笔画、笔顺来正确识别、书写、分辨汉字字形，建立汉字字形意识。

（一）笔画笔形与字形教学

汉字由笔画组成，基本笔画和折笔笔画是汉字字形的基本构件，是汉字的认知基

---

① 马显彬. 汉字笔顺类推手册. 广州：暨南大学出版社，2010.

础和书写的基本元素。母语使用表音文字的学习者有自己根深蒂固的书写习惯，而这种书写习惯与汉字的笔画书写有着截然不同的特点。主要表现在：

第一，拉丁字母有弧线而汉字基本上由直线、斜线组成。"横平竖直"的笔画书写特点与拉丁字母迥异。

第二，拉丁字母中有许多由弧线构成的圆形、半圆形，如 O、C、D、B 等，而汉字则基本上都是由直线构成的方形，如口、回、画等。

第三，拉丁字母书写无笔法、笔势的变化，而汉字书写笔法、笔势变化丰富。例如笔形点，由于笔法、笔势的细微变化，就区分为斜点、撇点、提点等。

由于学习者在学习初期受母语书写负迁移的影响，将字母书写习惯类推到汉字笔画书写中，便造成了一些带有普遍性特点的书写错误。例如将耳朵旁"阝"写成希腊字母 β 或拉丁字母 P，"邻"写成邻、邻；将"口"写成拉丁字母 o，"可"、"哭"写成可、哭；将竹字头写成 KK，"笑"、"笔"写成笑、笔①。这些部件书写的错误究其根源还是笔画笔形意识薄弱，没有建立正确的笔画意识，不能辨别和区分部件中的不同笔画。要让学生建立正确的字感，形成初步的笔画笔顺观念，就必须在汉字教学初期加强笔画教学，其内容包括：

第一，熟悉基本笔画和折笔笔画的名称及对应笔形（包括变体笔形）。基本笔画数目不多，但每一个基本笔画存在不同的书写变体。例如"横"就有长横、短横、斜上横，"撇"就有平撇、竖撇等书写变体。折笔笔画虽然由基本笔画组合而成，但折笔笔画带转折、弯钩的变化使得识别和书写的难度很大。汉字教学初期，基本笔画和折笔笔画名称及笔形的书写和认读是其主要内容。不但要让学生学会书写基本笔画和折笔笔画，还要让学生逐个说出常见独体字的笔画名称，正确呼读各种笔画。笔画的教学多和独体字教学结合进行，通过代表性的独体字来学习各种笔画，通过笔画的练习来书写独体字。教学中往往采用书空说字、逐笔画写汉字的方式来强化笔画意识，但这种练习方式只适合笔画数量较少的独体字，不能对所有汉字都采用逐笔画写汉字的方式，以免引起学生的厌烦情绪。例如"七"第一笔的斜上横常被错当成撇，与"匕"字混同，逐笔画练习和书空说字可以帮助学生强化这些关键笔画，形成正确的笔画意识。

第二，掌握笔画书写的原则，训练学生养成正确书写笔画的习惯。汉字笔画的书写有其特定原则，如不能回笔，横只能从左往右，竖只能从上往下，这明显区别于表

---

① 肖奚强. 外国学生汉字偏误分析. 世界汉语教学，2002（2）.

音文字的书写。将笔画书写原则落实到具体的笔画书写训练中，逐步培养学生汉字笔画书写意识，改变学生随意描画汉字的习惯，帮助学生建立正确的笔画意识。

第三，熟悉不同笔画在不同汉字中的区别性特征，帮助学生认读、书写、辨别形近字。"竖"、"竖钩"在许多汉字中并不区别字形，但在"干"和"于"，"竿"和"芉"中却是区别性笔画。横的长短一般不属于区别性特征，但在"土"和"士"，"末"和"未"中却是区别性特征。

（二）笔画连接方式与字形教学

现代汉字中，笔形、笔画的多少是构成汉字字形的区别性特征，此外，笔画的连接方式也是汉字的重要区别性特征。笔形相同、笔画数目相同而连接方式不同往往组成不同的汉字。例如：

现代汉字中的笔画有三种组合关系，即相离、相交、相接。

相离就是用互不交接的笔画构成汉字，如：二、三、川、小。

相交就是用相互交叉的笔画构成汉字，如：十、九、丈。

相接就是用相互连接的笔画构成汉字，一般有两种情况：第一种就是某一笔画的笔首或笔尾与另一笔画的身段相接，如：人、刀、上、久等；第二种就是某一笔画的笔首或笔尾与另一笔画的笔首或笔尾相接，如：厂、几、口、己等。

笔画连接方式是汉字构形的重要因素。相同的笔画笔顺，连接方式不同往往组成不同的汉字和构件。例如：

厂—广　元—无　八—人—入　天—夫　矢—失　大—丈　刁—刀

占—古　开—井　工—土—干　田—由—甲—申　石—右　刀—力

午—牛　已—巳—己　久—夂

对于这类因笔画连接方式不同而形成的形近字，在教学中应引导学生发现其区别性特征，帮助学生熟悉笔画连接方式。

（三）笔顺与汉字字形教学

在汉字字形教学中，笔顺教学出现了两个极端。一方面，许多教授者完全忽视笔顺的教学，认为只要能把字写出来就行，并不要求学生一定要有正确的笔顺意识，也不安排与笔顺相关的练习，致使大部分学习者对笔顺抱漠视的态度。另一方面，一部分教学者过于纠结每个字的具体笔顺，在汉字教学初级阶段不厌其烦地让学生做汉字逐笔画书写的练习，对学生的汉字笔顺错误过于重视，导致学生对汉字书写缺乏兴趣和信心。

我们认为，笔顺教学在汉字教学初期较为重要。笔顺之"顺"可以理解为顺手、顺畅，是符合右手书写的生理运动规律的。此外，在汉字书写中，先写哪一笔，后写哪一笔，若无章法，随心所欲，势必东拼西凑，顾此失彼，影响到字的线条分割与空间布局，影响汉字书写的准确、美观及速度。因此，笔顺教学在汉字教学尤其是初级阶段有着重要意义，教学效果的好坏直接影响到学习者对汉字书写的兴趣和信心。但通用汉字 7 000 个，常用汉字 3 500 个，每个字的笔顺都不同，即便有笔顺规则和补充规则，但一个字到底运用哪种规则也无章可循，要死记每个字的笔顺确实不是件容易的事情。因此，笔顺的教学既要重视又不可拘泥。具体说来，应该注意如下几个方面：

第一，笔顺教学以独体字和构字能力强的常用偏旁为主的原则。独体字由笔画直接构成，笔画数量少，结构简单，又可作为合体字的构字部件。在独体字教学中强调笔画笔顺的教学既可行又有效。如"口"字共三个笔画，在书写时贯穿"从左到右"、"从上到下"的笔顺规则，并要求学生逐笔画写汉字，学生比较容易接受。当写合体字"吃"、"喝"时，学生已经完全掌握了"口"的笔画顺序，书写的难度大大降低。合体字笔画较多，结构复杂，不适宜进行过多的逐笔画写汉字的笔顺练习。

第二，笔顺教学精讲活练的原则。长期以来，教学者和学习者把笔顺教学看作是一种负担，大量的逐笔画书写汉字练习虽然对掌握笔顺起到了一定的作用，但枯燥乏味的重复练习也使学生丧失了学习的兴趣和信心。在教学中，应在掌握常见独体字笔顺的基础上，学会安排合体字的不同偏旁的书写顺序，遵循正确的笔顺规则。此外，采用灵活多样的练习方式让学生在日常书写中运用笔顺规则，将笔顺规则贯穿到汉字的日常书写训练中，引导学生从日常书写中总结合理的笔顺规则，从基本的笔顺规则中类推汉字的合理笔顺，让学生主动、积极地参与笔顺教学活动。例如，"从左到右"、"从上到下"的笔顺规则，在教学中可以列举大量相关的字例让学生辨析其合理性，从而得出对笔顺规则的理性认识。

现代汉字中，大多数字的笔顺是比较明确的，具有小学以上文化水平的中国人都能掌握，但也有不少字的笔顺不容易掌握：一方面是由于汉字结构复杂，有些汉字的习惯写法与笔顺规则不尽一致，时间一长，也就流传和固定下来了；另一方面也是由于汉字的基本笔顺规则在具体运用时存在较大的主观性，到底采用哪种笔顺规则往往因人而异。此外，笔顺规则不是一成不变的，它只是把书写中运笔的规律具体化、规则化，任何笔顺规则所遵循的都是书写中的最短线路原则和书写方便原则，具体到每一个汉字中，到底运用哪一种规则或优先运用何种规则，往往因字而异。例如写"左"、"右"往往是先横后撇，而写"有"则有先撇后横的写法。又如写"犬"、

"戈"点在上方却后写，并没有完全依照从上到下的原则。

总之，独体字的教学重点是笔画和笔顺。在教学初期，不但要求学生能正确地书写字形，而且要求学生能准确地呼读基本笔画和折笔笔画的名称。在练习中，一方面要求学生多抄写，另一方面要求学生在课堂上"说字"，也就是按笔顺呼读该字的笔画（先写什么，后写什么）。这种教学既可以是学生说老师写，也可以是一个学生说另一个学生写。独体字教学中，应该不断变换教学形式，避免大量机械重复的抄写给学生带来的厌烦情绪，使学生牢固掌握独体字的笔画和笔顺，培养正确书写方块汉字的基本能力，为以后的合体字教学打下基础。

快乐驿站七　　　　　　　　丫头难倒教书匠

古时候，有个喜欢表现自己的教书先生。一天，他到一个财主家里去教书，一进门，迎面出来一个新来的小丫头。小丫头有礼貌地问他："您贵姓？有什么事？"教书先生认为小丫头好对付，又不通文墨，便故意出谜来难为她，笑着说："我的姓是：

　　　　一半在河海，一半在天空，

　　　　要问住哪里，老家在山东。"

不料小丫头聪明伶俐，不但一猜便中，反而也出谜语来回敬他："你也猜猜我的姓：

　　　　一点一横长，口字在中堂，

　　　　大口张着嘴，小口里面藏。"

教书先生想呀想呀，想了半天，也猜不出来，只好红着脸进屋去了。聪明的读者，你知道他们俩各姓什么吗？

第二节　部件及其应用

"立早章"、"弓长张"、"草头黄"、"双人徐"、"言午许"、"耳东陈"等利用汉字部件来说解汉字是汉字使用者耳熟能详的方式。在汉字字形中，笔画是构成汉字的基本结构单位，部件是构成汉字的二级结构单位。无论是在信息处理、汉字教学还是日常生活用字中，部件的重要性显而易见。

一、现代汉字中的部件

部件是由笔画组成的具有组配汉字功能的构字单位，是构成合体汉字的二级单位，有人称之为"字根"、"字元"、"字素"、"形位"等。它不同于部首、偏旁等传统文字学上的概念，是立足于现代汉字字形、适应信息处理尤其是汉字键盘输入方法的需要而提出的汉字字形结构单位。一般来说，部件大于笔画，小于整字，这是常例，但下列两种情况下部件等于笔画和整字：

第一，"乙（忆）"以及处于相离、相接状态的横（旦）、竖（旧）、撇（胤）、点（勺）、折（礼）等单笔画等于部件。如横在"卫、开、天、无、正、灭、旦、丛"中，竖在"旧、存、在、修"中，撇在"升、币、乏、丢"中，点在"勺、凡、义、刃、兔"中，横撇在"今"中，横折钩在"幻、司"中等都可以看作单笔画部件。

第二，有的整字只有一个部件，如"人、口、手"等，部件就是整字，这种汉字往往被称作独体字。2009 年发布的《现代常用独体字规范》对常用汉字中的独体字进行分析，将笔画交叉组配而无法再继续分解的汉字视为独体字，共分析出独体字256 个（见附录），有别于传统文字学意义上的独体象形、指事字。这些独体字既是独立的汉字，又是具有组配汉字功能的部件，因而是汉字教学和学习的基础字。

部件作为汉字字形结构的中间单位，与笔画比较，有自己的特征。表现在：

第一，与笔画比较，有更大的独立性。独立性表现在三个方面：一是绝大多数部件都具有通用性，即具有一定的构字能力，可以作为一个独立的整体构成两个或两个以上的通用汉字；二是具有不可分割性，或笔画相交，如"串、夷"，或笔画相接，如"千、天"，或笔画相聚，如"氵、彡、心"等；三是整字的部件本身具有笔画、笔顺的自足性，可以作为一个独立的书写单位，即在一个合体字中，总是先写完一个部件再写另一个部件，部件的书写顺序遵循笔顺的基本规则，有时为了整个汉字的布局需要，调整个别笔顺的写法，但不影响部件视觉印象上的完整性。如"国"在书写时是先外后里再封口，但两个部件界限分明。

第二，从功能上看，大部分部件本身就是汉字，有音和义，属于常见的独体字或合体字，如"水、口、日、曷、可"；有的本身不是汉字，但却是常见的表意偏旁或表音偏旁，如"氵、阝、疒"和"金、戈"等；有的虽不能表音义，但作为一个独立自足的书写符号，是常用汉字字形的基本构件，如"冬"的上部和下部。

部件根据是否成字分为成字部件和非成字部件，可以独立成字的部件称为成字部件，例如："另"、"吉"、"唱"、"向"中的"口"，"河"、"苛"、"荷"、"歌"中的"可"。不能独立成字的部件称为非成字部件，例如："筒"、"刚"、"网"、"铜"中的"冂"，"疾"、"病"、"疼"、"嫉"中的"疒"。1997 年国家语委发布了《信息处理用 GB13000.1 字符集汉字部件规范》，第一次科学地、权威地给出了《汉字基础部件表》及其使用规则，列出现行汉字规范部件 445 个，其中成字部件 226 个，非成字部件 219 个。

部件根据是否能够继续拆分分为基础部件和合成部件，最小的不再拆分的部件称基础部件，也称单纯部件。基础部件处于汉字结构的最底层，又称末级部件，例如："男"中的"田"、"力"，"江"中的"氵"、"工"。《汉字基础部件表》中收录的 560 个部件均为基础部件。由两个以上的基础部件组成的部件称合成部件，例如"想"、"箱"、"厢"、"湘"、"霜"、"孀"中的"相"。此外，由一个笔画构成的部件称单笔部件，例如："一"（横）、"丨"（竖）、"丿"（撇）、"丶"（点）、"乛"（横折钩）。

二、部件规范中的部件拆分及命名原则

长期以来，无论是信息处理还是汉字教学，部件的拆分、命名及数量都存在极大的混乱，出现了部件拆分混乱现象，影响了信息处理和汉字教学的有序进行。为了改善信息处理中曾一度出现的"万码奔腾"局面，1997 年 12 月 5 日国家语委主持制定的《信息处理用 GB13000.1 字符集汉字部件规范》发布，规定信息处理中所用汉字基础部件 560 个，试图统一和规范信息处理形码拆分中的部件混乱局面。此外，为了解决语文教学中存在的部件混乱现象，由教育部、国家语委组织研制的语言文字规范《现代常用字部件及部件名称规范》和《现代常用独体字规范》于 2009 年 3 月 24 日发布，自 2009 年 7 月 1 日起试行。其中，《现代常用字部件及部件名称规范》规定了现代常用字的部件拆分规则、部件及其名称。该规范对《现代汉语常用字表》中的 3 500 个常用汉字逐个进行拆分、归纳与统计后规定了《现代汉语常用字表》中全部汉字的部件及其名称。本规范是针对基础教学的需要制定的，适用于中小学语文教学、民族地区汉语教学及对外汉语教学。

《现代常用字部件及部件名称规范》对现代常用汉字进行拆分，得出 514 个部件。根据不同变体、简繁对应、形近等原则对 514 个部件进行归组，共归为 441 组部件。在拆分时，遵循如下原则：

第一，字形结构符合理据的，按理据进行拆分，例如："分"拆分为"八"、"刀"，"相"拆分为"木"、"目"。按理据拆分时，属于层次结构的，依层次拆分；属于平面结构的，一次性拆分。例如："想"（层次结构）第一层拆分为"相"、"心"，第二层"相"拆分为"木"、"目"。"暴"（平面结构）一次性拆分为"日"、"共"、"八"、"氺"。

第二，无法分析理据或形与源矛盾的，依形进行拆分。例如："朋"拆分为"月"、"月"；"执"拆分为"扌"、"丸"。

第三，交重不拆，极少数不影响结构和笔数的笔画搭挂可拆。例如："串"（交重）不可拆分为"中"、"中"，"东"（交重）不可拆分为"七"、"小"，"孝"（搭挂）拆分为"耂"、"子"。

第四，拆开后的各部分均为非成字部件或均不再构成其他汉字的，即使是相离或相接也不拆分。例如："非"不可拆分为"扌"、"乍"。

第五，为照顾查检的方便，由中国文字改革委员会和国家出版局推荐使用的《汉字统一部首表（草案）》的201个部首（含繁体部首）一律进入部件表。

第六，因为构字造成独体字部件相离的，拆分后仍将相离部分合一，保留独体字的原形。例如："裹"拆分为"衣"、"果"，不拆分为"亠"、"果"、"𧘇"。

以上可以说是部件的重要特征。但长期以来，部件名称分歧较大，《现代常用字部件及部件名称规范》规定了部件名称命名规则：

第一，按读音命名部件。《现代汉语常用字表》内的成字部件，仅有一个读音的，按其读音命名；多音的成字部件，选取较常用的读音命名。例如：单音："口（kǒu）"、"木（mù）"、"火（huǒ）"、"革（gé）"。多音："石"称为"石（shí）"，不称为"石（dàn）"。《现代汉语常用字表》以外的成字部件，给出读音后再按部位命名。例如："殳"的名称是"殳（shū）"和"设（shè）字边"，"聿"的名称是"聿（yù）"和"律（lǜ）字边"。

第二，按俗称命名部件。俗称通行的非成字部件，用俗称命名。例如："辶"称为"走之"，"氵"称为"三点水"，"宀"称为"宝盖"，"扌"称为"提手"。有多种俗称的非成字部件，采用一个含义明确、比较通行的俗称命名。例如："纟"俗称"绞丝旁"、"绞丝"、"孪绞丝"、"乱绞丝"等，选用"绞丝旁"；"彳"俗称有"双立人"、"双人旁"等，选用"双人旁"。

第三，按笔画命名部件。单笔部件按规范的笔画名称命名。例如："一"称为"横"，"丨"称为"竖"，"丿"称为"撇"，"丶"称为"点"，"乚"称为"竖折横折钩"。《现代汉语常用字表》内成字的单笔部件，可以根据字音和笔画双重命名。例如："一"称为"一（衣 yī）／横（héng）"，"乙"称为"乙（yǐ）／横折撇折横折钩（héngzhépiězhéhéngzhégōu）"。

第四，按部位命名部件。以上三类以外的部件，采用代表字及部件在代表字中的部位命名。例如："×字头"、"×底"、"×字框"、"×字心"。名称中的"×"为部件命名的代表字，"头"、"底"、"框"、"心"等为部件在代表字中的部位。部件命名的代表字一般从《现代汉语常用字表》中选取，并且优先选用两部件字，优先选用左右部件的字，优先选用部件位置明确的字。部件命名的代表字不选取本部件集中的成字部件。如："卜"称为"贞（zhēn）字头"，不称"占字头"，因为"占"是本部件集的部件。具体如下：

×字头：上下、上中下结构的上部部件称"×字头"。例如："龶"称为"责（zé）字头"，"癶"称为"登（dēng）字头"，"冖"称为"冒字头"。这类部件在现行汉字中最多，有53个。

×字底：上下、上中下结构的下部部件称"×字底"。例如："廾"称为"弄（nòng）字底"，"氺"称为"泰（tài）字底"。这类部件除"灬"（横四点）外，名称中都带底字。这类部件在现行汉字中有39个。

×字旁：左右结构的左部，少部分在左中右结构的中部（如"辩"字中的"辛"），其他结构的左上部（如"看"中的"龵"），这样的部件称"×字旁"。例如："丬"称为"壮（zhuàng）字旁"。这类部件在现行汉字中有41个。

×字边：左右结构的右边部件称"×字边"。例如："旡"称为"既（jì）字边"，"尢"称为"枕（zhěn）字边"。右边部件多为成字部件，或某些非成字部件有通用的名称，因此这类部件数量并不多，共19个。

×字框：包围结构的外部部件称"×字框"。例如："囗"称为"围（wéi）字框"。其中全包围结构中只有一个部件"囗"，而半包围结构中的"广"、"辶"等有习用的名称，因此称"框"的部件在现行汉字中才11个。

×字心：位于包围结构的中部或左中右结构的中部部件称"×字心"。例如："止"称为"延（yán）字心"，"巛"称为"巡（xún）字心"。这类部件数量较少。

×字腰：位于上中下结构的中部部件称作"腰"。这类部件共7个。如"龶"称为寒字腰。

×字角：位于汉字四角部位的部件称"×（字）角"。位于左上角的部件称为"×左角"。例如："歺"称为"餐（cān）左角"。位于右上角的部件称为"×右角"。例如："勿"称为"黎（lí）右角"。位于右下角的部件称为"×下角"。例如："凵"称为"临（lín）下角"。这样的部件共13个。

由某字变形而来的部件，用本字加部件常出现的部位命名。例如："爫"称为"爪（zhǎo）头"，表明"爫"是由"爪"变形而来，不是"爪"字的上部；"纟"称为"羊（yáng）旁"，表明"纟"是由"羊"变形而来，不是"羊"字的左部。

由某些部件省简而成的部件变体，以"×省"命名。例如："毅"中的"豕"为"豕省"，"表"中的"衣"为"衣省"，"第"中的"弟"为"弟省"，"岛"中的"鸟"为"鸟省"。

总之，部件的规范命名有助于汉字的称说和学习。

三、部件与汉字结构

依据组成汉字的基础部件的数量，可以将汉字分为独体字和合体字，由一个基础部件构成的汉字是独体字，由两个或两个以上的部件构成的汉字是合体字。

独体字有一个基础部件，合体字的基础部件数量一般在两个以上。根据邢红兵的统计，3 500个常用汉字中最多部件数为7个，如"疆"，平均部件数为3.01个，其中二部件字有953个，三部件字有1 353个，四部件字有695个，占总数的85.75%。单部件字192个，数量虽少，但使用率最高。[①]

独体字不存在结构类型，合体字的结构类型主要指汉字拆分时的第一层次结构，例如："想"第一次拆分成"相"、"心"，是上下结构。常用合体汉字的结构类型如下表所示：

结构方式	例字	间架比例
左右结构	职、的	左右相等
	你、汗	左窄右宽
	利、郭	左宽右窄
左中右结构	街、班	左中右相等
	推、傲	左中右不等

① 邢红兵. 现代汉字特征分析与计算研究. 北京：商务印书馆，2007.44～45.

（续上表）

结构方式	例字	间架比例
上下结构	思、是	上下相等
	霜、写	上小下大
	焦、想	上大下小
上中下结构	意、曼	上中下相等
	复、裹	上中下不等
全包围结构	圆、因	全包围
半包围结构	医、区	左包右
	庄、尾	左上包右下
	勺、句	右上包左下
	达、建	左下包右上
	同、闲	上包下
	画、凶	下包上
品字形结构	品、森	各部分相等
对称结构	噩、爽	左右对称

    根据邢红兵的统计，汉字的首层结构主要是左右结构，在3 500个常用汉字中占58%，其次是上下结构，在常用汉字中占25%。这两类汉字结构是汉字的主要结构类型。包围结构类型虽多，但在常用汉字中只占9.20%，并且左上包围和左下包围是包围结构的主体。

    合体汉字的结构类型是汉字构形的重要元素，是认读汉字和书写汉字的重要内容。但结构类型只关注汉字的首层结构，事实上，汉字结构本身要复杂很多，通过对常用汉字的调查分析，合体汉字中的结构层次最少为1层，如"体"、"汉"等，最多达5层，如"藻"，如下图所示：

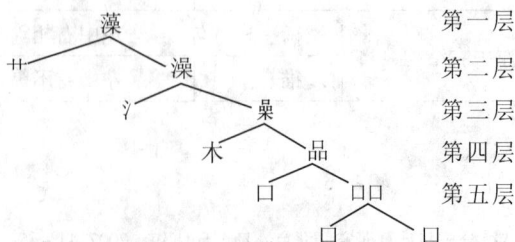

由于汉字结构中复杂的层级关系，导致汉字结构类型的复杂化。首层结构为左右结构的汉字，又可根据内部部件的组合方式和组合层次区分为不同的类型，其中右边是上下结构的左右结构最为常见，如但、踢、结，这类字在常用汉字中有532个，占全部常用汉字的15.20%。其次是1个层次的左右结构，例如"汉"、"仅"等，共499个，占全部常用汉字的14.26%。

汉字的结构方式既是汉字重要的构形元素，也是汉字重要的书写元素，对识别、认读汉字都非常重要。

四、部件与汉字教学

近二十年来，学术界对部件教学进行了广泛而深入的研究。崔永华重点对《（汉语水平）汉字等级大纲》的甲级词和甲级字的基础部件进行了分析，从汉字部件的经济性、可称谓性、表意性几个方面分析并指出利用汉字部件教学的可行性。[1] 万业馨界定了"汉字教学部件"，指出教学部件与信息处理部件的区别，指出部件教学应该融入基础字教学之中，以基础字带部件教学。[2] 邢红兵和舒华对小学语文教材用字中的基础部件进行拆分与统计，形成小学阶段汉字基础部件使用表，并对小学阶段汉字部件的属性进行了统计分析，指出在小学教材中使用的全部汉字部件中，大部分构字能力强的、独立成字的部件在一、二年级就已经出现，部件的学习集中在一、二年级，三年级以后儿童接触更多的是熟悉部件组成新字的方式，而不是新部件。[3]

在汉字教学中，部件的作用不容忽视，它既是汉字重要的构形单位，也是认读、书写汉字的重要记忆单位。在教学中重视部件教学，须注意如下几个方面的问题：

第一，部件教学不能代替笔画笔顺的教学，二者应优势互补。笔画、部件虽然都是汉字的结构单位，但在汉字教学中，笔画更多地表现为书写单位，对书写汉字教学意义关系重大，而部件更多地表现为构形单位，对认读汉字意义重大。所以从教学层面来看，独体字教学中较为关注笔画笔顺教学，而合体字教学较为关注部件及结构方式教学。

第二，教学部件不等于基础部件，和信息处理中的部件拆分相比，教学部件拆分具有较大的灵活性。例如"想"字，本由"木"、"目"、"心"三个基础部件组成，

① 崔永华. 汉字部件和对外汉字教学. 语言文字应用，1997（3）.
② 万业馨. 文字学视野中的部件教学. 语言教学与研究，2001（1）.
③ 邢红兵，舒华. 小学语文教材用字基础部件统计分析. 语言文字应用，2008（3）.

但在教学中，往往拆分成"相"、"心"即可，若学生没有学过"相"，也可进一步拆分成三个基础部件。

第三，汉字教学部件应多关注功能性明显的表音、表意部件，关注便于称说、具有较强构字能力的部件，以此提高部件教学的效率。信息处理用基础部件主要是从汉字书写的角度对字形的切分，不关注部件的功能。

在汉字应用中，部件具有特别重要的地位。由于许多成字部件具有构字和组词的双重功能，因此成为字谜、析字对联创制的基础，也是汉字教学的重要内容。

快乐驿站八

姓氏拆字

从前，有两个秀才，一个姓陈，一个姓熊。两人都以为自己了不起，看不起对方，因此见面就打笔墨官司。一次，陈秀才出了一联要熊秀才对：

"四足横行，试看有何能干？"

熊秀才听了非常气愤，这分明是在侮辱我嘛，就针锋相对地应道：

"一耳垂边，究竟算啥东西？"

于是你一言，我一语地争吵起来。这时，胡秀才和孔秀才两人前来相劝，问明二人争吵的原因。孔秀才问胡秀才："你与陈、熊两家邻近相处，对他们之间的关系应早日调解，为什么坐视不理呢？"胡秀才也用联语答道：

"一口立旁，相劝已有数月。"

孔秀才见状，也用自己的姓出联说：

"一钩偏右，说理应尊子曰。"

孔秀才极力劝说，陈、熊二人听罢，自知斯文扫地，便不再争吵。

第三节　现代汉字形体特点及应用

现代汉字的形体是汉字学习和应用的重要对象，经过几千年的发展，汉字无论是外在表现形式还是内在构造规律都发生了不同程度的变化。重新审视汉字形体特点及内在构造规律，对汉字的学习和使用无疑有着重要作用。

一、现代汉字的形体特点

现代汉字不同于古代汉字，无论是构形规律还是汉字偏旁系统本身，都呈现出自身的特点。

第一，现代汉字形体都可以从构形元素和书写元素两个层面来分析。从构形元素来分析汉字形体，必须利用古文字字形，考虑汉字的源流发展，这有利于对汉字构造理据的理解和汉字形义联系的分析；从书写元素来分析，着重关注现代汉字的形体及书写，有利于帮助学习者掌握书写的基本要素。

汉字是表意文字，形体总是或多或少地携带一定的意义信息，这一特点不但在古文字中表现明显，在现代汉字中也不可忽略。王宁[1]先生指出，汉字形体中可分析的意义信息来自原初造字时造字者的一种主观造字意图，我们称作构意，也称造意，是造字的理据，因社会约定而与字形较稳定地结合在一起，它是汉字表意性质的体现。但这种保留在汉字形体中的造字理据会随着汉字形体的发展演变而逐渐湮灭，使人无从分析。例如："监"，《说文解字》："临下也。"甲骨文作🦅，描述一个人用眼睛往盛水的器皿里看，取看、照镜子之义；金文作🦅，从皿从臣从人，其中"臣"的构形就是竖着的眼睛；小篆中作🦅，隶书这一形体写作"監"，保留了皿字底和臣字边，"人"字讹变，简化字写作"监"，只保留了皿字底这一构形信息，整字已很难从中分析出以水为镜的意义信息了，字义也由最初照镜子发展为一般的看、察看等，形义联系严重脱节。又如"甘"，甲骨文作🦅，小篆作🦅，口内加短横，指示甘美之味，是指事字，现代汉字中形义联系严重脱节。可见，大部分现代常用汉字，要分析该字的形义联系，分析字形中所蕴涵的构形信息，都必须或多或少地联系古文字形，借助古文字形还原已经讹变成记号的各个构形元素，这对于一般的汉字学习者和使用者既无必要亦无可能。对于一般的汉字使用者来说，认读和书写常用汉字，一般只关心一个字的笔画多少、笔顺关系、部件多少、部件构成关系、部件形态等汉字的显性信息，也就是汉字的书写元素。

古代汉字中，大部分常用汉字的构形元素与书写元素是统一的，分析了构形元素也就分析了书写元素。作为汉字构造规律总结的"六书"是分析古代汉字构形元素的

---

① 王宁. 汉字构形学讲座. 上海：上海教育出版社，2002.

基本法则，因此古代童蒙识字教学，会将六书教授给学生，让学生掌握汉字构造之法，从而以简驭繁地掌握常用汉字的形音义，理解汉字形义、形音的联系和汉字内在的构造理据。现代汉字大部分构形元素已经模糊或消失，形体分析中显性的书写元素是汉字形体学习和使用的基础，也是汉字认读和书写的基础，与汉字的造字理据和构形分析没有必然的联系。例如"要"字的书写元素就是"西"加"女"构成的上下结构的汉字，两个部件都为记号，没有任何表意信息。而考察古文字形，"要"的甲骨文、金文都像人身中之形，是象形字，作![字形]。"执"，甲骨文作![字形]，金文作![字形]，像一人的两手被铐在刑具里，楷书经过几番变异，繁体字作"執"，构意信息基本消失，到了简化字中，写作"执"，用提手旁提示字的意义信息，包含了新的构形信息，右边的"丸"只是记号，不表意，也不表音。

由于汉字都具有构形元素和构造理据，但构形元素并不是现代汉字形体中所能看到的显性的书写元素，因而需要进行适当的占义字形溯源，这对于大多数汉字使用者来说是不可能的，但汉字字形蕴涵理据的事实却给流俗文字学的产生提供了依据。流俗文字学家用戏说汉字的方式，用不具备构意或失去构意的字形来任意杜撰构意，王宁先生称之为望形生义，这成为汉字历史发展中有趣的文化现象。从最早《左传》的"止戈为武"到王安石《字说》"波者水之皮"，以及现代安子介《解开汉字之谜》和萧启宏《从人字说起》等流俗文字学读本对常用汉字的解释，无不体现了流俗文字学出现和发展的轨迹。在小学语文教学和华文教学中，这种戏说汉字的方式甚至受到了教学者和学习者的热捧，学生对把"饿"分析为"我要食"这种通俗易懂的"字理"有着浓厚的兴趣，而以追根溯源方式来说解汉字的源流发展，因为太过复杂和深奥，反而不便于在课堂教学中采用，这是现代汉字中有趣的现象。

第二，现代汉字很难用传统的六书理论来分析其构造特点，但根据部件与整字的音义关系，依然可以将现代汉字的构字法分析为六种，有人称之为新六书。

部件作为汉字构造的二级单位，是认读、书写汉字，汉字电脑输入法设计赖以实现的基础。观察现代汉字形体，我们可以根据部件的功能将现代汉字中的560个基础部件和各个层次的复合部件划分为音符、意符（也有学者称作义符）、记号三大类型。其中和字的现代意义有关系的是意符，和现代读音有关系的是音符，和意义及读音都不产生联系的是记号。一个部件，在现代常用汉字和通用汉字中，既可以是音符又可以是意符或记号。根据音符、意符、记号在现代汉字中的组合情况，苏培成先生将现代汉字的构字法分析为六种①：

表意字（会意字）：由意符和意符构成的合体汉字，如从、尖、尘、泪等。

意音字（形声字）：由意符和音符构成的合体汉字，如妈、疯、病等。

意符半记号字：由意符和记号构成的合体汉字，如蛇、急等。

音符半记号字：由音符和记号构成的合体汉字，如球、笨等。

独体记号字：古代的象形字发展到今天变成不象形的独体汉字，如日、月等。

合体记号字：古代的象形字发展到今天变成不象形的合体汉字，以及古代的形声字、会意字失去构造理据变成记号式的合体字，如龟、鹿、特、听等。

新六书与传统的六书既有区别又有联系，但传统六书着眼于分析小篆以前的古文字，对现代汉字多有不适应；新六书着眼于分析现代汉字，立足于现代汉字的形体、读音和意义，是现代汉字部件教学法产生和应用的基础。

第三，现代汉字结构看似复杂，形符、声符位置多变，杂乱无章，但占现代汉字80%以上的形声字系统却依然保留着偏旁的系统性和规律性。这种系统性和规律性就表现在一部分偏旁功能固定、位置稳定且具有较强的构字能力，使现代汉字系统呈现出较强的系统性。

对于现代汉字结构的复杂性，著名文字学家梁东汉先生曾有过描述："汉字的偏旁位置虽然有一定的系统，而且有一部分意符的位置比较固定，但就整个系统来说，是很不严密的，同一个意符的位置既没有固定，而且意符和音符的组合也非常复杂，任何人都整理不出一个完整的、科学的系统。"② 例如"马"在常用汉字中，既可以作形符、音符，又可以作记号，既可以在左边、右边，还可以在下边。例如：

马：驾驶骑　吗妈骂蚂　骗骄

虽然常用汉字部件的位置和功能很难统一，但一些常用部件在功能和位置上表现出较强的倾向性。根据康加深的统计③，7 000 个通用汉字中，属于形声结构的有5 631个，其中所包含的意符有 246 个，构字数最多的是氵、艹、口、扌、木、钅、亻、虫、讠、土，共构成 2 295 个汉字，每个形旁所处的主要位置相对稳定。具体见下表：

①　苏培成．现代汉字学纲要（增订本）．北京：北京大学出版社，2001.
②　梁东汉．汉字的结构及其流变．上海：上海教育出版社，1959.
③　康加深．现代汉语形声字形符研究．陈原主编．现代汉语用字信息分析．上海：上海教育出版社，1993. 82.

意符	构字数次	所处位置	形旁	构字数次	所处位置
氵	378	左	钅	216	左
艹	304	上	亻	192	左
口	275	左、下	虫	142	左、下
扌	261	左	讠	138	左
木	252	左、下	土	137	左、下

由上表可知，现代汉字中，一部分部件主要作意符，且所处位置较为稳定，也就是说，这部分部件在构成合体汉字时，有较常用的构字意义和稳定的位置。如"口"，一般就处在全包围结构的外边，"灬"一定处在上下结构的下边，但"灬"字的功能，一部分作意符，如"燃"、"煮"等，一部分已是记号，如"燕"等。同样，现代汉字中有较为固定的意符系统，也具有相对稳定的音符系统。考察现代常用汉字和通用汉字，可以找到一部分构字能力较强、表音功能完备的音符，如"者"、"艮"、"肖"、"包"等，这些音符本身就是独立的汉字，作声旁时，位置不一定局限在右边，可以在左边、上边、下边等。可见，现代汉字中的偏旁部件系统，看似凌乱，实则蕴涵着一定的规律，是汉字教学和学习可资利用的重要资源。

二、现代汉字字形的应用问题

现代汉字字形在应用中，会出现错别字、繁简字、印刷体和手写体不统一的问题。下面分别介绍。

（一）错别字问题

错别字是汉字应用中的常见问题。错别字包括错字和别字。其中错字是写错了的字，即写了一个根本不存在的字，多见于学习和使用汉字的初期，是手写汉字中出现的错误。别字则是把甲字写成了乙字，多出现在电脑编辑的材料和大量的印刷品中，以同音别字的情况最为普遍。下面分别介绍：

1. 错字问题

错字主要表现为三种情况：一是笔画方面的错误，二是部件或偏旁方面的错误，三是结构方面的错误。

首先，笔画方面的错误又分为笔画形状错误、笔画数错误和笔画之间的关系错误三种情况。其中笔画形状错误主要是指笔画的混淆，如把"七"字中的"横"写成

"撇"，把"毛"字中的"撇"写成"横"等。笔画数错误是指书写时对笔画的拆分、断连不当或添加、减少笔画数导致的错误。例如把"差"字第六画"竖撇"看作两画，把"鬼"字的第六画看作两画，把"肺"右边的"市"字边的第四画错写成"点"和"竖"两画。笔画之间的关系错误主要是指模糊了笔画相连、相离、相交的关系，如"丈"字的撇捺是相交关系，而"大"则是相接关系。笔画的错误主要存在于手写汉字中，带有一定的普遍性。下表是常用汉字中容易出现笔画断连不当错误的汉字。

汉字	正确笔数	出错原因	说明	相关例字
凹	5	连笔	起笔是"竖"，不是"竖折"；第二笔为"横折横"。	
比	4	断笔	左边的第二笔"竖提"，不要误成两笔。	毕 毙 庇 毖 批 屁 琵 毗
敝	11	断笔	左边中间的"竖"贯穿上下，不要断成两"竖"，笔顺是：点、点、竖、竖、横折、点、点。	瞥 撇 弊 蔽 憋 鳖 鳖
差	9	断笔	第六笔是个"长撇"，不是一"竖"一"撇"。	羞 羌 养 着 搓 磋 蹉 瘥
长	4	断笔	第三笔"竖提"，不是两笔。	张 伥 怅
场	6	断笔	右边是三笔，"横折折折钩"是一笔，不要断成两笔。	扬 杨 疡 炀 肠 畅 汤 烫
舛	6	断笔	右边是三笔，第二笔是"竖折"。	舜 瞬 舞 磷 鳞 嶙
垂	8	断笔	中间的"横"贯穿左右，不是两个"十"，笔顺是：撇、横、竖、长横、竖、竖、横、横。	唾 睡 锤 捶 陲 棰
此	6	连笔	左边是四笔，不要把第三、四笔合为一笔。	些 柴 嘴 紫 雌 疵 龇
队	4	断笔	第一笔是"横撇弯钩"，不是两笔。	坠 陕 降 阻 邓 阳
肺	8	断笔	右边中间的"竖"贯穿上下，顶部不是点。	沛 旆 霈 芾
弓	3	断笔	第三笔"竖折折钩"，不要误成两笔。	引 弘 弛 张 弹 强 躬 粥
骨	9	断笔	字头第三笔"横折"，不是"横、竖"，靠左不靠右。	滑 猾 髓 骷 髅 骸 鹘
贯	8	断笔	不要把字头错写成"母"。	惯 掼

（续上表）

汉字	正确笔数	出错原因	说明	相关例字
鬼	9	断笔	第六笔"撇"是从白里撇起，不要断成两笔。	卑 碑 脾 啤 愧 魂 瑰 槐
侯	9	断笔	右边起笔是"横折"，上部不是"工"。	喉 候 猴 堠 敢 橄 瞰 憨
及	3	断笔	第二笔"横折折撇"，不要误成两笔。	级 极 圾 汲 吸
乐	5	连笔	头两笔"撇、竖折"，不要误成一笔或三笔。	烁 铄 栎
录	8	连笔	字底是"水"的变体，不是"水"，左部是"点、提"，不是"横撇"。	求 球 隶 棣 函 泰 黍 剥
卯	7	连笔	首笔"撇"，不是"撇竖提"。	孵 卯 卿
马	3	断笔	第二笔"竖折折钩"，不要误成两笔。	吗 妈 骂 码
麦	7	连笔	字头中的"竖"和字底中的"撇"不要合为一笔，下部是冬字头。	麸
兔	7	断笔	第六笔"撇"，要从扁口内开始，不要断成两笔。	兔 逸 晚 挽 勉 搀
乃	2	断笔	第一笔"横折折折钩"，不要误成两笔。	仍 扔 奶 孕 秀 锈 隽 盈
鸟	5	连笔	头两笔"撇、横折钩"，不要连成一笔。	鸡 鸭 鹅 鸣 岛 袅 枭
片	4	断笔	末笔是"横折"，不是两笔。	版 牌 牒
妻	8	连笔	字头的末笔"竖"，不跟字底"女"的起笔相连。	凄 萋
区	4	断笔	末笔是"横折"，不是两笔。	呕 巨 匡 匣
身	7	连笔	最末两笔"横、撇"，不要误连成一笔。	身 射 躬 躯 谢 躺 躲 榭
世	5	断/连笔	末笔为"竖折"，不是两笔；第二笔是"竖"，第四笔是"横"，不要将这两笔合为一笔"竖折"。	谍 喋 牒 屉 泄 绁 碟 蝶
叟	9	断/连笔	"臼"字头起笔是"撇"，末笔是一长"横"，不是两短"横"。	嫂 艘 搜 嗖 馊 溲 飕 锼 螋
凸	5	连笔	注意无向上、向左拐的折。	
象	9	断笔	字头是"互"字的"腰"，两笔；字底是"豕"。	缘 橡 喙 彝 互 冱
毋	4	断笔	头两笔"撇折、横折钩"，都不要断成两笔。	

（续上表）

汉字	正确笔数	出错原因	说明	相关例字
务	5	断笔	第二笔是"横撇"，不要误成两笔。	候冬各条
凶	4	断笔	第三笔是"竖折"，不要误成两笔。	汹匈胸脑恼山击出
牙	4	断笔	第二笔是"竖折"，不要误成两笔。	邪呀芽雅鸦蚜
以	4	断笔	第一笔"竖提"，不是两笔。	似拟
延	6	断笔	字心末笔是"竖折"，不要误成两笔；字框起笔是"横折折撇"，不要误成两笔。	蜒筵诞涎建健毽键迁庭艇挺
臾	8	断笔	臼字头中间插入一"人"。	庚谀腴瘐
远	7	断笔	走之底第二笔是"横折折撇"，不是两笔。	辽这遮迁迎进近还
专	4	断笔	第三笔"竖折撇"，别误成两笔。	转砖传啭

其次，部件偏旁方面的错误。这类错误主要是由于现代汉字中相似部件的存在，例如下表所列形似部件常导致书写错误：

3 500 个常用汉字中容易混淆的组字部件辨析表

编号	形近部件	例字	表音、表意、构字特点
1	亻：单人旁 彳：双人旁	亻：住侍体休位仇仪何使 仍但倍 彳：往待行征得径徐役御	两个都是作形旁，亻表示跟人有关。彳表示行走、道路或动作。由彳构成的字容易错写成亻。
2	宀：宝盖头 冖：秃宝盖	宀：灾宝家牢宇寇宅它宁守完 冖：冠冤冢写军	宀表示的意思多与房屋建筑有关。 冖与覆盖、蒙受有关。冖的字容易写成带点的宀。

（续上表）

编号	形近部件	例字	表音、表意、构字特点
3	弋：弋 yì 字边	弋：式试拭轼代袋贷弍贰	弋字边是部首，在常用字中，主要组成"式"、"代"两个字，这两个字作声旁再组成其他常用汉字。
	戈：戈 gē 字边	戈：划戏战戳戊戌戍咸戚威载栽裁哉截戴 戒戎或	戈字边是个部首字，组成的字多与兵器、战争有关，但现代汉字中的"戈"在多数字中已成为记号。
	戋：戋 jiān 字边	戋：钱浅线笺缄践饯贱溅盏栈	戋字边不是一个部首，多作字的声旁，在左边。所组成的字具有"细微、浅小"等隐含意义。
	尧：尧 yáo 字头	尧：浇侥烧饶绕娆	尧字头一般构成"尧"后作字的声旁，不单独作构字的部件，学生容易在上头加一点导致错误。
4	小：心字底	小：慕恭忝添舔	小是由"心"变化而来，在字中作形旁，表示心理活动。
	氺：水字底	氺：泰暴函滕 录（最后一笔作捺，不作点）	氺跟水有关，但有时也只是一个记号。在书写中，氺要注意跟"水"区别开来，右边最后一笔写成点还是捺要看在构字中是否需要避重捺，如果不要，写成捺，如"录"；如果要，写成点，如"泰"。
5	辶：走之底	辶：逼避边遍达递道逗逛过还迹近进	辶是由古代的"辵"演变而来，现代作形旁，构成的字大都与行走或道路有关，在字中的部位常处于半包围结构位置的左下方。
	廴：建之底	廴：廷挺庭艇铤 延涎诞 建健键腱	廴本由"行"的左边演变而来。现代汉字中多用在字的左下方。
6	礻：示字边	礻：礼社祖神祝福	礻是由"示"演变而来，构成的字多跟鬼神祭祀等有关。
	衤：衣字边	衤：被裤袜裙袖初	衤是由"衣"字演变而来，构成的字多跟衣物有关。

（续上表）

编号	形近部件	例字	表音、表意、构字特点
7	厂：厂字头	厂：厅厨厦厚厘压厢厕雁厌厉历原	"厂"在现代汉字中作意符和记号。
	广：广字头	广：庄床库店庙废府座 应庆序 扩矿旷	"广"还可以作音符。
	反：反字头	反：质反后盾	"反"只是一个记号性的构字部件。
8	刀：刀字边	刀：叨切剪劈召照招昭分份纷	"刀"一般用在字的右边（多写成刂）、下边或上边。
	力：力字边	力：劝助劲励劳努勇男勉筋荔	"力"一般用在字的左边或下边，也有其他位置的，用在下边容易跟"刀"混淆。表示的意义多与用力、力气或武力有关。也作音符。
	刁：刁字边	刁：叼	"刁"构字能力不强，只在"叼"中作声旁，容易和"叨"混淆。
9	夂：冬字头	夂：冬备夏复覆各路终落客	"夂"是部首，旧读 suī，是脚趾的变形，所构成的字多与后退、下降等脚的动作有关，多用在上面或下面。
	攵：反文旁	攵：放收改救 整	"攵"是由攴演变而来，旧读 pū，所构字的意义都与拍打、敲击、敲打等手的动作有关，在字中的位置多在右边，也有用在右上方的，书写时注意与"夂"区别开来。
10	夕：夕字边	夕：岁梦名外怨将奖多移	"夕"在古代和"月"字同形，所构字多与夜晚或晚间活动有关，现代一般作记号性部件。
	歹：歹字边	歹：歼残死凤列裂烈冽	"歹"在甲骨文中是一个去肉残骨的象形，所构成的字多与死亡、坏事、丧事、不吉祥的事情有关。
11	纟：绞丝旁	纟：红绿绳结给	"纟"是由"糸"（mì）字演变而来，一般在字的左边，其意义多与丝绳、丝麻织品有关。
	幺：幺 yāo 字边	幺：幻幼幽窈玄兹慈	"幺"是"幼"字的省略，作构字部件时多与丝、少或微小有关，一般在字的左边。

（续上表）

编号	形近部件	例字	表音、表意、构字特点
12	户：户字头（边） 卢：卢字边	户：房炉庐芦护沪 卢：颅鸬泸轳	"户"所构字除"房"外，一般作声旁，在字中可作字头、字底、字边。 "卢"作声旁，能用于左边和右边。
13	匕：匕字边（笔画相接） 七：七字边（笔画相交）	匕：比仑旨化叱花 七：切	"匕"作记号，跟其他相关部件组合。 "七"在左边时，竖弯钩要变成竖提。
14	段：段字边 叚：叚 xiá 字边（底）	段：锻缎煅椴 叚：假霞遐瑕暇葭	"段"作声旁，包含它的字多读 duan。 "叚"作声旁，包含它的字，韵母多为 ia。 两部件书写上要注意区别，"段"左边上部是撇，下部是提，右边上部是"几"；"叚"左边尸框底下两短横，右边顶部是左开口。
15	臣：臣字边（底）（最后一笔是竖折） 𦣝：颐 yí 字边	臣：宦卧 𦣝：颐姬熙	"臣"本是一只竖着的眼睛，里面是眼珠，周边是眼眶，以它为构字部件的字多与奴隶、屈身有关。 "𦣝"字一般作声旁，所构成的字韵母含 i。
16	采：采字边（底）从爪，从木 釆：釆 biàn 字边，从米，上有撇	采：菜踩睬 釆：释悉 番翻	"采"一般作声旁，包含它的字都读 cai。 "釆"本是象形字，像野兽的有肉垫的脚掌，因古人根据野兽的脚印辨别兽类行踪，所以由它构成的汉字多表示辨别、分开、分别。
17	亨：亨字底，下部是了 享：享字底	亨：哼烹 享：孰熟醇郭谆敦墩	"亨"作声旁，包含它的字，韵母多为 eng。 "享"作声符时一般读 chun 或 guo，因此包含它的字，韵母多为 un 或 uo。

（续上表）

编号	形近部件	例字	表音、表意、构字特点
18	东：东字边，第三笔为竖钩 东：练字边，第三笔为横折钩	东：冻栋 东：拣练炼	两个部件都作声旁。 包含"东"的字，读音多为 dong。 包含"东"的字，韵母为 ian。
19	己：己 jǐ 字边 巳：巳 sì 字头（边） 已：yǐ，不构字	己：改配妃记纪起 巳：异氾祀 导	包含"己"的字，韵母为 ai, i, ei。 包含"巳"的字，韵母为 i，"导"例外。
20	未：未字边 末：末字边	未：味妹昧 末：沫抹袜茉	都作声旁。包含"未"的字，韵母多为 ei。 包含"末"的字，韵母多为 o 或 a。
21	仑：仑字边 仓：仓字边	仑：抢论轮伦沦 仓：抢沧舱苍伧创疮	都作声旁。以"仑"作声符的字多读 lun。 用"仓"作声符的字，韵母大多含有 ang。
22	免：免字边 兔：兔字边	免：勉挽晚浼 兔：冤逸	用"免"作声符的字，韵母大多含 an，"浼（měi）"例外。 "兔"一般作意符和记号。
23	巿：巿 shì 字边，中间一点一竖 巿：巿 fú 字边，中间一竖到底	巿：柿闹 巿：肺沛	包含"巿"的字读 shi 或 nao。 包含"巿"的字，韵母多为 ei，"芾（fu, fei）"例外。
24	易：易字边，从日，从勿 昜：扬字边，首笔为横折折折钩	易：赐踢剔 昜：荡扬场肠畅	包含"易"的字，韵母都为 i。 包含"昜"的字，韵母多为 ang。
25	亦：亦字头，字底中间撇、竖钩 亦：变字头，中间为两竖	亦：迹弈奕 亦：恋蛮变弯峦	包含"亦"的字，韵母都是 i。 包含"亦"的字，韵母都含 an。
26	爪：爪字边，中间是一竖 瓜：瓜字边，中间是竖提、点	爪：抓爬 瓜：孤弧狐呱	包含"爪"的字，韵母含 ao, a。 包含"瓜"的字，韵母一般为 u，个别为 ua。

（续上表）

编号	形近部件	例字	表音、表意、构字特点
27	尤：尤字边 无：无字边 旡：既字边	尤：扰优忧犹鱿 无：抚妩芜 旡：既	"尤"字在字中多作声旁，除"扰"外，其余的字一般读 you。"无"字作声旁所构成的字读 wu 或 fu。 "旡"只组成"既"字。
28	龶：举字底 丰：丰字底（腰）	龶：举择奉捧 丰：逢缝蜂峰害割	"龶"跟其他相关字头配合。 "丰"作字底时跟"夂"配合组成锋字边再与其他部件组合构字或在"害"的中部出现。
29	⺌：常字头（顶上为小倒立） ⅍：学字头（顶上两点一撇）	⺌：尚赏党常尝偿裳 ⅍：学觉	包含"⺌"的字，韵母多含 ang。 包含"⅍"的字，韵母多为 ue。
30	歩：步字底 少：少字头（边）	歩：步涉 少：省劣纱沙秒妙	含"歩"的部件只与步字头组合出现，用作字底。 "少"用作字头或字边。

再次，结构错误也是字形错误的重要方面。合体汉字按结构可分为左右、上下、全包围、半包围等结构类型，在汉字书写中，改变了字的结构关系而导致字形错误的现象在汉字书写中也较为常见。例如"感"是上下结构，但在书写时把撇拉长，就形成了半包围结构；"题"本是半包围结构，但在书写时撇若不够长，就容易看作左右结构；"磨"本是半包围结构，但易被误写成上下结构。下面是常见的结构错误：

范——上下结构，容易误写成左右结构。同类字有：落、荡、薄、蓟、蘸等。

荆——左右结构，容易误写成上下结构。同类字有：蒯、镤。

莲——上下结构，容易误写成半包围结构。同类字有：蓬、蘧。

邃——半包围结构，容易误写成上下结构。

簿——上下结构，容易误写成左右结构。同类字有：箍、筠、箔、筋等。

瞧、默——左右结构，容易误写成上下结构。同类字有：礁、樵、醮等。

感——上下结构，容易误写成半包围结构。同类字有：盛、惑。

忒——半包围结构，容易误写成上下结构。

鹰——半包围结构，容易误写成上下结构。同类字有：鏖、麇、麝、膺、磨、摩、糜、麾等。

埠——左右结构，容易误写成上下结构。

众——品字形结构，上面的"人"要包住下面的"从"。

夺——上下结构，"大"的撇、捺两笔要包住"寸"字。同类字有：夸、奈、奋、奔、夯、套、奄、奢等。

奇——上下结构，"可"的一横要托住"大"字。同类字有：牵。

2．别字问题

别字主要包括形似别字、音同音近别字、义近别字三种情况。音同音近别字和义近别字在后面相关章节有论述，此不赘述。此处着重介绍形似别字问题。

形似别字是指形体相似度较高，读音和意义并不相同的字。由于形似，所以在汉字使用中容易混用或错用。按照形似别字的结构来看，有独体形似字和合体形似字两种，而合体形似字又按照相似部件的多少分为一级形似字、二级形似字、三级形似字。李禄兴《由简化造成的形似字统计分析》① 从 3 500 个常用汉字中，择取出了837个形似字，对其进行分类，约占常用汉字总数的 23.91%。统计情况如下：

独体形似字 126 个，主要包括因笔画连接方式不同而导致的形似字，个别笔形不同而造成的形似字，笔画数目不同导致的形似字。具体如下：

（1）笔画数相同，笔形一致，只是笔画的组合关系不同，即笔画相接、相离、相交的位置和方式不同。

元—无　石—右　午—牛　七—匕　失—矢　天—夫　目—且　力—刀
开—井　人—入—八　田—由—甲—申

（2）笔画数相同，笔形基本一致，只有个别笔形存在差异。

开—升　凸—凹　风—凤　贝—见　干—千　于—干　未—末　儿—几　土—士
天—夭　犬—尤　寸—才　刁—刀　东—乐　用—甩　五—丑　叉—义

（3）笔形基本重合，但笔画数略有不同。

半—羊　丙—两　厂—广　丹—舟　刀—刀　斗—头　几—凡　小—少　冈—网
个—介　巾—币　今—令　斤—斥　皿—血　木—本　内—肉　乃—及　去—丢
全—金　上—止　尸—户　水—永　术—米　乌—鸟　夕—歹　予—矛　爪—瓜
尤—龙　丈—文　之—乏　心—必　又—叉　白—臼　丘—乒—乓—兵
大—太　大—犬

---

① 李禄兴．由简化造成的形似字统计分析．语言文字网，http：//www.yywzw.com/show.aspx？page = 3&id = ，1956.

合体形似字是指结构基本相同，存在相似部件的合体汉字。根据相似部件的多少，分为一级形似字（存在相同部件、有一个相似部件）、二级形似字（存在相同部件、有两个相似部件）、三级形似字（不存在相同部件、只有相似部件）。具体如下：

（1）一级形似字653个。

般—船　奥—粤　芭—笆　拔—拨　败—贩　扳—板　班—斑　般—股　颁—颂
邦—那　报—投　杯—怀　比—此　闭—闲　庇—屁　边—迈　辨—辩—辫
扁—扇　博—搏　薄—簿

参—叁　侧—测　茌—荐　差—羞　常—赏　贬—眨　抄—秒　扯—址　撤—撒
尘—尖　忱—沈　沉—沈　噎—瞪　骋—聘　持—特　宠—庞　抽—押　处—外
催—摧　村—材　达—这

担—坦　诞—涎　导—异　掉—绰　档—挡　淀—绽　绽—锭　措—错　赌—睹
钓—钧—钩　盯—叮　叼—叨　锤—捶　吨—肫　顶—顷—项　缎—锻　奋—奄
肤—肢　伏—优

芙—英　俘—浮　赴—赵　斧—爷　服—股　溉—慨　慨—概　纲—钢　勾—句
肛—肚—肝　各—谷—吝　攻—玫　玫—玖　估—佑　沽—沾　故—敌　挂—桂
古—占—舌　光—先

哈—啥　含—舍　夯—夺　孤—狐　壶—壹　虎—虏　话—活　坏—坯—环
幻—幼　涣—焕　慌—谎　海—悔　计—汁　记—纪　技—枝　健—键　渐—惭
缰—僵　奖—桨—浆

娇—骄　届—屈　津—律　仅—仪　竞—竟　拒—柜　俱—惧　捐—损　卷—券
倔—掘　刊—刑　看—着　扛—杠　抗—杭　烤—拷　挠—饶　绕—饶　科—料
客—容　垦—恳　抠—枢

苦—若　挎—垮　矿—旷　傀—槐—愧　梨—犁　李—季　历—厉　凉—谅
梁—粱　猎—猪　搂—楼　录—隶　旅—族　虑—虚　仑—仓　拉—垃　癫—癲
拦—栏　梦—梦　蓝—篮

揽—榄　廊—廓　老—考　肋—助　泪—沮　类—粪　沦—沧　抢—抢—枪—伦
沦—论　萝—箩　骂—驾　埋—理　枚—牧　美—姜　眯—咪　密—蜜　峰—蜂
苗—笛　描—猫—锚

明—朋　鸣—呜　摸—模　幕—募—慕—墓—暮　呢—昵　拧—柠　偶—隅
拍—柏　排—徘　叛—贩　畔—衅　篷—蓬　捧—棒　披—坡　朴—扑　柒—染
器—嚣　洽—恰　嫌—赚

悄—梢 晴—睛 擎—警 请—清—情 庆—庄 厌—压 囚—四 躯—驱
市—布 区—匹 却—劫 仍—扔 闰—闺 寨—赛 沙—纱 瑞—端 洒—酒
杉—衫 擅—檀 莹—萤

权—杈 壤—攘 稍—捎—梢—悄 舌—吞 社—杜 审—宙 肾—贤
渗—掺—惨 设—没 施—旋 湿—温 使—便 哀—衰—衷 室—窒 受—爱
授—援 述—迷 嗽—嫩

耍—要 帅—师 拴—栓 暑—署 思—恩 送—逆 俗—浴 粟—栗 素—索
它—宅 贪—贫 奏—秦—泰 总—怠 帖—贴 恬—括 挑—桃 秃—秀
徒—徙—陡 团—因—困

捅—桶 防—妨 谈—淡 搪—塘 膛—瞠 提—堤 椎—推 驮—驳 驼—鸵
唾—睡 微—徽 味—昧 纹—绞 捂—梧 昔—者 狭—侠 衔—街 陷—馅
响—晌 萧—箫 销—锁

邢—邪 杏—否 休—体 渲—演 旬—甸 讯—汛 延—廷 沿—沼 杨—扬
冶—治 页—负 遗—遣 亿—忆 迂—迁 忧—扰—拢 宇—字 益—盖 阴—阳
茵—菌 誉—誊

远—运 允—兄 仗—杖 瞻—赡 贼—赋 折—拆 质—盾 仲—伸 逐—遂
拄—柱 住—往 壮—状 准—淮 浊—烛 姊—妹 谆—淳 栽—裁—载
怨—怒—恕 赃—脏

早—旱 隐—稳 谒—竭 详—祥 碑—啤 冒—昌 璧—壁 重—童 亦—赤
页—负 官—宫 友—反 问—向 间—闻 乖—乘 晋—普 买—卖 免—兔
直—真—具

（2）二级形似字 38 个。

毕—华 城—域 崔—崖 冠—寇 或—咸 惑—感 冀—翼 鉴—签 坎—坑
欧—殴 窃—窍 善—喜 肆—肄 崇—崇 添—漆 抑—柳 园—圆 拘—构
监—盐

（3）三级形似字 14 个。

北—兆 冰—泳 朵—杂 即—郎 拣—栋 旧—归 冒—胃
此外，还有独体合体形似字 8 个。
井—并 出—击 我—找 久—欠
这就是目前常用汉字中形似字的基本情况。这些形似字由于形似在汉字学习中很容易导致错认为或误写成别字，是我们汉字字形教学的重点。

（二）印刷体与手写体问题

英文字母有印刷体和手写体的区别，其实汉字也是这样。同样是楷书，印刷体楷书笔画形态固定（无变化，也无法变化），笔画之间衔接相连，从而使得汉字构件组合具有紧密的整体感（如接连笔画、框架结构的字形等），字体相对平稳。在手写体楷书中情况则不同，人们书写讲究意趣，注重节奏灵动、气韵生动，为贯通笔意而使得笔画起伏、跳跃的成分明显增多，笔画之间可留有恰当空隙，字体静中有动，意趣横生。印刷体和手写体不但在书写形态上有所不同，在个体汉字的笔画上也体现出一定的差异。我们在小学语文汉字教学和华文汉字教学中，往往强调学生以印刷体楷书作为写字学习的标准。这个印刷体楷书往往是通过对某个字规定了字形、笔形、笔画数量以及笔画之间的关系之后，做成字模，不管在何处印刷该字，印刷多少该字，其字形、笔形都统一不变，不会走样。

在汉字使用中，我们看到印刷体呈现出来的字形特点都是非常规范和统一的，但汉字作为书写工具，是技术性和艺术性的高度结合，因此在手写汉字中，由于书写者的个人原因，使得手写体汉字与印刷体汉字呈现较大的差异，具体表现在如下几个方面：

第一，印刷体是标准化的字体，没有个体差异和书写风格的不同，而手写体因书写者的不同往往出现较大的差异，这种差异不但表现在汉字的整体书写风格上，还体现在个体汉字笔画、结构的独特处理上，这种独特处理一旦成为书写者普遍呈现的书写特点，就会形成一套适应于手写体"约定俗成"的规范标准，而这种"约定俗成"的标准便是人们长期书写实践中形成的许多不成文的共识。例如"英"字的大字底，末笔印刷体一般作捺，在手写体中往往写为长点；"集"字的木字底，印刷体为撇捺，历代手写体中多写为左右点；"国、困"等全包围结构的字，印刷体一般是全封闭，但历代书家的手写体中通常在左上、左下、右下三个角开一至三个小口，这称为"围而不堵，守不宜困"，"可祛除呆板、滞闷之感"。如下图为历代有名的几位书法家所写的"集"、"英"、"困"三字，体现了书法创作中的共同倾向。

米芾①   祝允明   褚遂良

集
英
国

集
英
国

集
英
国

除了书写实践中长期形成的约定俗成之外，书写者个人的书写习惯和书写特点也使得书写体呈现出千姿百态的变化。例如书法家米芾写"木字旁"，一律处理成"扌"，如**扗**（杜）、**相**（相）、**桓**（桓），这是书写者非常明显的个人特点，而把"木字旁"写成带钩的**木**，则可以看作书家普遍接受和认可的约定俗成了。如同样在手写楷书《千字文》里，褚遂良作**桓**，祝允明作**桓**，清代的梁同书作**桓**，而智永楷书《千字文》作**桓**。现代社会中许多书法爱好者研习米芾《千字文》，也将"木字旁"写成"扌"，但这只能在书法领域里通行，难以通行于汉字交际领域。

第二，同样是手写体汉字，书法层面的手写体和实用层面的手写体是有不同要求的。书法层面的手写体汉字求新求变，突出个性，彰显艺术审美需求，因而即使是同一个人在同一个作品中，对同一个字、同一个部件的写法和处理都有着天壤之别，而用于交际的实用汉字书写则尽量要求字形规范、统一、稳定。大书法家智永所写楷书《千字文》，是后人楷书临摹的典范，是书法艺术美的高度再现，但其一个字、一个部件的写法往往各异。例如"辶"是汉字中常见的构字部件，在规范的手写楷书中，笔画为"点、横折折撇、捺"，而在智勇的楷书《千字文》中 25 个含"辶"的汉字，其写法至少就有三种，如下图：

第一种：遐 迹 造
第二种：連 逐 通
第三种：迴 逼

"臣"、"匪"、"匡"三字都含有"匚"，无论是印刷体还是规范的手写体都把这

---

① 本节所引古代书法家字体均取自《历代千字文真迹比较（楷书卷）》及智永《真书千字文》。

个部件看作两个笔画，"横、竖折"，但智永《千字文》中三字中的"匸"写法也都不同，其中明显可见作三画写法的。如下图：

可见，书法创作中的汉字写法更多地服务于艺术审美的需要而淡化了汉字记录信息的工具性要求，因此书法中的字形规范性要求相对要低。相反，用于实用交际的手写体汉字，其工具性功能是第一位的，艺术审美功能是第二位的，在保证可认读、便于认读的前提下才能考虑其艺术审美的要求。我们在日常书写中，无论是"辶"，还是"匸"，都必须尽量写得接近印刷楷体的规范字形，否则将妨碍交际和信息的传达。

第三，日常汉字书写既不可能达到印刷体汉字高度规范和统一的要求，也不能像书法创作为了追求艺术的需要而任意求新求变，因此，日常书写必然存在一些书写者普遍约定俗成的习惯和书写模式，而这是以大众认读识别手写体汉字为基本前提的。例如"木字旁"，历代书写者既有写成带钩的，也有不带钩的，例见上，但米芾将"木"写成才，则只能通用于书法创作中，日常书写中是绝不能接受的，因为它和楷书"扌"极易混淆，不利于字与字的区别。相反，当"木"在字的下边时，目前的印刷体中只有"杀"（弒）、"杂"、"条"、"亲"、"寨"等几个字中的"木"写法不同，通常叫做"小木底"，其他的字如"集"、"某"、"朵"、"呆"等字中都为"木"字，通常叫做"大木底"。在手写体中，"小木底"和"大木底"通常并没有如此严格的区分，很多书写者习惯将处在下边的"木"都写成"小木底"，这种处理既有历史的渊源，也存在现实的群众基础，是被日常书写者接受的约定俗成的变异，不影响交际和认读。日常书写应该仔细辨别，若一味模仿历代名家碑帖中的写法，不考虑日常交际的客观需要，则违背了日常书写便于认读和识别的基本目的。如智永《千字文》中"祭"作祭，"明"作朙，"盟"作盟，现代日常手写体中则不宜采用此种写法，以免影响认读。由此可见，日常手写汉字虽然容许书写者保留个体差异和不同的书写风格，但基本的字形必须是规范统一的，至少应符合约定俗成的法则。

快乐驿站九　　　　　　　三个耳朵

从前，有个文书常写错字。有一次，县官让他造个花名册，他把"陈"字的耳旁写在右边，结果挨了二十板子。他私下里想：以后可不能把耳旁写在右边了。不久，他又抄名单，见了个"郑"字，他想：上次因为把耳旁写在右边挨了打，这次可不敢了。于是，他把"郑"字的耳旁写在左边。这次，他又挨了二十板子。他痛得昏昏迷迷，眨着眼睛想：左也不是，右也不是，怎么才对呢？正在苦恼的当儿，有人找他写状纸。

"姓啥？"文书问。

"姓'聂'，三个耳的聂（聂的繁体字是聶）。"

文书慌忙站起来作揖，恳求道："您饶了我吧，我为了两个耳朵，挨了四十板。这回竟是三个耳，我还活得了吗？"

思考练习三

一、有一首人旁歌，每句都暗示一个或三个单人旁的字。如"一人二人中间人"暗示"亿"、"仁［俩］"、"仲"三字。请仔细读下面这首《人旁歌》，说出每句暗示的汉字。

主人客人做官人；妻子孩子读书人。

高人矮人种田人；红人白人漂亮人。

好人直人二女人；老人愚人长命人。

古人死人从前人；羊人狗人稀奇人。

讨饭人，站的人；山里人，害怕人。

庙里人，都是人；木头人，也是人。

想人换人丢了人；坏人杀人不是人。

七人八人上十人；百人千人许多人。

二、南宋女词人朱淑贞，爱情因一生郁郁不得志，留下千古佳句"不见去年人，泪湿青衫袖"。年轻时受父母之命、媒妁之言嫁给一个市井商人为妻。婚后丈夫变心，她毅然写下一首《断肠词》：

下楼来，金钱卜落。问苍天，人在何方？恨王孙一直去了；詈冤家，言去难留。悔当初，吾错失口；有上交，无下交。皂白何须问，分开不用刀。从今莫把仇人靠，千里相思一撇抛。

全词十句话，句句满含决裂悲愤之情。同时十句话又是十个数字组成的拆字格谜面，请说出每句话的谜底。

三、说说下面这些常用字的规范笔顺，看看与自己的书写习惯有何不同。试谈谈这些规范笔顺的合理性。

忄、万、乃、火、及、出、贯、脊、母、匕、爽、登

四、在现代汉字的偏旁系统中，许多偏旁部件在汉字中的位置并不统一和固定，既可以在左、右，又可以在上、下。但仍有一部分偏旁有常用的位置，考察现代汉字系统，想想处于左边的形旁有哪些？处于上边的形旁有哪些？处于下边的形旁有哪些？处于右边的形旁有哪些？请举例说明。

五、手写体汉字与印刷体汉字在字形上总是会有或多或少的差异，试举出若干例子说明这种差异。

第四章　汉字的字音及应用

汉字是表意文字，形意关系密切并得到了足够的重视，而汉字的形音关系远弱于汉字的形意关系。在现代汉字中，形体和读音的关系复杂而微妙，其外在表现是音符表音的复杂性以及一字多音、一音节多字等形音联系的多重性。"见字不知音"、"见字难定音"成为华文汉字教学和学习的难点。

第一节　形声字声符及其应用

"秀才读字读半边"一直以来是对读书人过度依赖形声字声符表音功能而造成错读的讽刺。在汉字教学中，培养学生利用具有一定表音功能的形声字谐声偏旁来学习、识记汉字字音，从而在中高级阶段形成正确的声旁意识是华文汉字教学的重要途径。

形声字的声符具有标示字音的功能，这是汉字本身的特质。但汉字中的声符表音与表音文字的字母表音完全不同。表现在如下几个方面：

第一，数量上，拼音文字使用的字母只有几十个，而现代通用汉字表音声符却有一千三、四百个。

第二，拼音文字字母表示的是音素，汉字表音声符表示的是整个声、韵、调兼备的音节。

第三，拼音字母与音素读音基本对应，而汉字表音声符与音节读音并不一一对应。通常情况下，一个音节可用不同的声符表示，如现代常用汉字中"zheng"这一不带调的音节，有睁、征、筝、蒸等形声字，用了"正"、"争"、"烝"三个汉字作表音声符。另外，一个声符又可表示不同的音节，如"者"可以表示 du、shu、tu、zhu、xu 等多个音节。

第四，拼音文字的字母只具有表音功能，而形声字声旁对汉字具有归类作用，同一声旁的汉字往往可以归并为同一个字族。例如拆字诗中有名的《阿娇诗》，相传阿娇为苏东坡一侍女，名叫朝云，非常聪明。有一次她去桥下淘米，被一无赖秀才纠缠，秀才道：

有木便为桥，无木也念乔。

去木添个女，添女便为娇。

阿娇休避我，我最爱阿娇。

朝云轻蔑地一笑，当即答道：

有米便为粮，无米也念良。

去米添个女，添女便是娘。

老娘虽爱子，子不敬老娘。

这个故事中的两首拆字诗分别利用了汉字中同声旁的字，通过拆分组成偏旁部件来成诗。经典例子还包括古代流传下来的一些有名的行酒令，例如：

酉加水成酒，辛前酉成醉；

反犬酉是犹（猶），酉加州为酬；

酒不醉人人自醉，

发个小令作谢酬。

拆字诗很大一部分是利用同声旁字组成字族。可见，利用声旁来归类，编写饶有趣味的字族识字歌，是汉字声旁的特点之一。把拆字诗、识字歌有效地运用到教学中，既能让学生迅速记忆这些字的形、音、义，又能利用其蕴涵的趣味性极大地调节课堂气氛。

一、现行汉字中形声字声符表音状况分析

理论上讲，形声字的声符是能够准确标示所构汉字读音的，但实际上，声符在标示汉字读音上有着明显的局限。裘锡圭指出绝大多数形声字的读音与声符是不同音的，且有时差异还很大，并且认为有的声符已变成一个记号。[①] 黄德宽先生认为"形声字发展到今天还是最主要的产字方式，绝大部分声符具有相对的稳定性，就古文字而言，正是以声符的相对稳定维系了形声结构的系统性，如果破坏了这种稳定性，形声结构作为一个系统存在是难以想象的"[②]。龚嘉镇统计现代通用汉字（7 000 字）中有 6 252 个现行形声字，1 226 个现行声符，其中 88 个是多音声符（特指声韵不同的

---

① 裘锡圭. 文字学概要. 北京：商务印书馆，2007.
② 黄德宽. 古汉字形声结构声符初探. 安徽大学学报（哲学社会科学版），1989（3）.

音符，若只是调不同，视为单音声符），一个音符平均可谐 5.1 个现行形声字，但其中 295 个声符只谐 1 个现行形声字。就单个形声字来说，谐声偏旁与所谐汉字声韵调全同的有 1 975 个，仅声调不同的有 1 152 个，共有 3 127 个汉字谐声偏旁能够较准确地标示读音。这也就是说，近 50% 的形声字在汉字教学中能够根据其谐声偏旁较准确地读出字音来。①

李燕、康加深详细统计了现代通用汉字中的形声字，得出符合要求的现代形声字 5 631 个，总共包含 1 119 个声符，约占声符总数的 84%；《现代汉语通用字表》中不成字的声符有 206 个，约占声符总数的 16%。② 冯丽萍分析了《汉语水平词汇与汉字等级大纲》中的 2 905 个汉字，统计出符合条件的有 1 920 个形声字，占总字数的 66%，其中左形右声的标准形声字占很大比例（61%），声旁成字的形声字占绝大多数（80%），成字声旁中甲级声旁的比例最高（33%），声旁与整字读音有关系的占 80% 以上。③ 现代汉字中，形声字声符标示读音的情况复杂，主要有如下几种情况：

第一，能直接从声符推断所谐汉字正确读音的声符，声符与所谐汉字字音有着直接的语音联系。例如：声符"青"所构成的"请、清、情、晴、蜻"等字声韵相同，只是调略有差异。又如"夫"所构成的"肤、扶"也是声韵与谐声偏旁相同而调不同。

第二，虽不能直接由谐声偏旁推断所谐汉字的读音，但同一谐声偏旁所谐的汉字之间具有读音的一致性和规则性，能够通过同一声符的其他汉字推断该字读音。例如：声符"享"，所谐汉字有"醇、淳、鹑、犉、敦、惇、蜳、谆、埻"等字，这些字包含三种读音 chún、dūn、zhūn，与谐声偏旁 xiǎng 无关，但三种读音都含有韵母 un，具有共同的语音特征。又如声符"果"，所谐汉字有"课、颗、棵、窠、稞"等字，韵母都含有 e，属于同符同音字。

第三，虽不能直接由声符推断所谐汉字读音，但通过排比罗列同一谐声偏旁汉字，可以发现同声旁字之间存在较明显的语音倾向，因此，汉字学习中可以通过谐声偏旁来类推、识记汉字读音，辨别易混音节。如通过总结偏旁代表字判断汉字声母的平翘舌，如"中"的声母是 zh，由它构成的常用汉字"钟、种、肿、衷、忠"等谐声字声母也都是翘舌 zh。声符"且"构成的谐声字除"助"外，"祖、诅、阻、组、

---

① 龚嘉镇. 现行声符表音功能分析. 汉语史论文集. 重庆：西南师范大学出版社，1995.

② 李燕，康加深. 现代汉语形声字声符研究. 苏培成主编. 现代汉字学参考资料. 北京：北京大学出版社，2001.

③ 冯丽萍. 对外汉语教学用 2 905 汉字的语音状况分析. 北京师范大学学报，1998（6）.

租、粗"等字都是平舌音。

二、形声字声符标音的规律性和局限性

现行形声字声旁标音既有规律，又存在一定的局限。规律性表现在相当数量的形声字声旁与所谐汉字读音完全相同，局限性表现在大部分形声字的谐声偏旁与所谐汉字读音存在一定的偏离。

（一）规律性

现代汉字形声字中能够完全标示读音的声符为数不少，这是声旁表音规律性的重要体现。张熙昌[1]考察 2 500 个常用字，得出整字与声符读音完全相同（声韵调全同）的形声字有 490 个，声符本身就是常用汉字的有 322 个，列举如下：

阿啊；巴吧疤；八扒；般搬；半拌伴；包胞；保堡；暴爆；辟臂壁避劈僻；必秘；宾滨；丙柄；波菠；卜补；布怖；才材财；采彩踩睬；仓苍舱；产铲；尝偿；朝潮；辰晨；成诚城盛；呈程；垂锤；从丛；代贷袋；且但担；当挡档；到倒；弟递；丁叮盯钉；董懂；斗抖；豆逗；伐阀；番翻；反返；方芳坊；分纷份吩芬；风疯；度镀；段锻缎；朵躲；逢缝；夫肤；府俯腐；付附；工功攻；共供；弓躬；勾钩沟购；果裹；复腹覆；干竿杆肝；冈刚纲钢岗；高膏；哥歌；贯惯；禾和；何荷；合盒；乎呼；胡湖糊蝴；户护；化华；华哗；皇煌；灰恢；会绘；昏婚；火伙；或惑；几饥机肌；及级极；加茄嘉；建健键；见舰；交郊胶；焦蕉；爵嚼；介界；京惊；竟境镜；居据；巨拒距；具惧俱；卷圈倦；康糠；空控；库裤；拉啦；兰拦栏；郎廊；老姥；离璃；里理；力历厉励；立粒；两俩；连莲；廉镰；良粮；列烈裂；林淋；留榴；考烤；录碌绿；龙聋笼；路露；虑滤；罗萝锣箩；马吗码蚂；芒茫；冒帽；门们；迷谜；免勉；苗描；末抹沫；乃奶；尼呢泥；莫漠；农浓；奇骑；其棋旗；气汽；千迁；乔桥侨；切窃；青清蜻；求球；然燃；容熔；柔揉；申伸；审婶；生牲；乘剩；师狮；十什；史驶；式试；市柿；受授；疏蔬；术述；斯撕；台抬；唐塘糖；堂膛；亭停；同桐铜；土吐；弯湾；王旺；未味；畏喂；文纹；乌呜；五伍；勿物；务雾；西牺；希稀；息熄；下吓；夏厦；相箱；象像橡；新薪；星腥；刑型；秀绣锈；旬询；牙芽；央殃秧；羊洋；要腰；月钥；夜液；衣依；义议；因姻；用佣；永咏泳；由邮油；尤犹；鱼渔；与屿；谷浴欲裕；元园；员圆；原源；曾增；查渣；斩崭；占

---

① 张熙昌. 论形声字声旁在汉字教学中的作用. 语言教学与研究，2007（2）.

战站；丈仗；召照；折哲；贞侦；正证政症征；争挣睁筝；之芝；支枝肢；只织；知蜘；直殖值植；止址；旨指；至致；中忠钟；州洲；朱珠株蛛；属嘱；专砖；子仔；宗粽踪；尊遵；坐座。

声旁在 2 500 个常用字范围之外，在《现代汉语词典》中是独立成字的有 92 个。列举如下：

（卬）昂；（邦）帮；（卑）碑；（敝）蔽、弊；（孛）脖；（曹）槽；（畐）插；（崔）催、摧；（匆）葱；（氐）低/抵、底；（刁）叼；（耑）端；（氾）范；（弗）佛；（孚）俘、浮；（甫）辅；（衮）滚；（呙）锅/窝；（羔）糕；（侯）喉、猴；（奂）换、唤；（彗）慧；（敫）缴；（疌）捷；（董）谨；（臼）舅；（亢）抗、炕；（匡）筐；（娄）楼；（洛）落；（仑）论、轮；（曼）漫、慢；（宓）密、蜜；（彭）膨；（桼）漆；（佥）签；（壬）任；（戎）绒；（闰）润；（孰）熟；（署）薯；（厶）私；（匋）陶、萄、淘；（廷）庭、蜓；（乇）托；（乞）挖；（宛）碗；（韦）违、围；（尉）慰；（昔）惜；（奚）溪；（肖）削、消、销、宵；（匈）胸；（畜）蓄；（厓）崖；（奄）掩；（夭）妖；（夷）姨；（異）翼；（嬰）樱；（甬）勇、涌；（攸）悠；（斿）游；（俞）愉、榆；（禺）愚；（爰）援；（戉）越；（乍）炸；（兹）滋；（觜）嘴；（匊）鞠

声旁表音的规律性还表现在声旁与所谐汉字声韵相同而调不同的情况，这占现行形声字的大部分。例如：

付 fú 符；fǔ 府，俯，腑，腐；fù 付，附，咐。

风 fēng 风，枫，疯；fěng 讽。

非 fēi 菲，啡，扉；fěi 诽，匪；fèi 痱。

方 fāng 芳；fáng 防，妨，房，肪；fǎng 仿，访，纺；fàng 放。

3 500 个常用汉字中，到底有多少形声字的声旁仍具有表音作用？韦嘉[1]统计常用汉字中的 2 539 个形声字，除掉完全不能表示读音的 181 个形声字，得出声旁仍能表音的常用形声字 2 358 个。这是形声字声旁表音规律性的重要体现，也是汉字教学中利用声旁教学的重要依据。

（二）局限性

汉字发展到今天，形声字虽然占绝大部分，但形声字声旁的表音功能却有着较大的局限性，表现在如下几个方面：

---

① 韦嘉. 现代汉字常用形声字声旁表音情况探索. 广西大学硕士学位论文，2003.

第一，部分现行形声字属性的判断存在困难，许多古代字理清晰的形声字到现代已经难以分解其形旁和声旁了。例如"更"古代从支丙声，现代汉字字形已经无法分析出丙声了。"春"小篆从草从日屯声，现代汉字已无法分析其形旁和声旁了。这样的汉字还有前、噩、犀、责、存、毒、贵、禽、寺、台、壹、在、奉、敢、饮、可、黄、截、莽、童、蚤、展、爱等。

第二，部分现行形声字不易确定其声旁且类推性较差，许多古代形声字形旁和声旁交杂，一般人难以判断其形旁和声旁。例如桌、新、康、卸、囊、霸、害、稽、戚、炭、微、修、崖、鹰、颖、游、舆、贼、察、贯、荔、蒙、然、雁、婴、徒、随、施、巍。"桌"从木卓声，"新"从木从斤辛声，声旁和形旁有共用的部分，因而很难离析开来。一般人也就很难判断出这类字正确的形旁和声旁了。

第三，声旁字本身较生僻，或声旁字读音与所谐字读音存在较大差距，难以由声旁推断其读音。这种形声字的声旁在现代常用汉字和通用汉字中不独立成字，因此一般人很难知晓声旁的读音，因此声旁标音的局限性显而易见。例如"癌"字从嵒 yan 声，"鄙"从啚 bi 声，"插"从舌 cha 声，"鹤"从萑 he 声，"挖"从穵 wa 声。这些字的声旁都不在常用汉字之列，因此，声旁本身就是陌生的，不可能依据声旁来推测所谐汉字的字音。另外，还有部分形声字的声旁字，现代读音与所谐字读音差距较大，不但不能据此推测字音，还会误导学生。例如"污"、"夸"所从之声旁为"亏"，"亏"字现读作 kuī，所谐字读作 yu；"舵、驼、鸵、蛇"所从声旁为"它"，"它"现读作 ta，所谐声旁读作 tuo。

三、声旁与汉字教学

长期以来，汉字教学比较注重形旁的作用，较少关注声旁。近年来，学界逐渐关注声旁表音功能在汉字教学中的作用。江新指出，"外国留学生对形声字的读音规则性效应随汉语水平的提高而增大"，"对形声字声符表音作用的意识随汉语水平的提高而增强"。[①] 声旁在汉字教学中具有如下几方面的功能：

（一）利用声旁直接认读字音

现行形声字声旁相当一部分能够直接提示所谐字读音，是形声字中的规则字，也是培养学生形声字声旁意识的重要内容。在汉字教学和学习中，通过构字能力强的音

---

① 江新．外国学生形声字表音线索意识的实验研究．世界汉语教学，2001（2）．

符进行偏旁识字是提高识字学习效率的好方法。不过，利用音符的表音功能辅助汉字字音教学务必要让学生理解音符表音的复杂性和局限性，防止和避免音符表音规律的负迁移。

（二）利用声旁辨别、记忆字形，区分同声旁音近形似字

形近字中有一部分就是由于音符形近而导致的形近字，例如下面的"良"字族和"艮"字族，"仑"字族和"仓"字族，彼此之间很容易混淆，若利用音符的表音功能就能很快区分哪个字中用"良"，哪个字中用"艮"。

良（liang）—浪狼（lang）/跟粮（liang）/娘酿（niang）

艮（gen）—狠恨很（hen）/根跟（gen）

仑（lun）—抡论轮伦沦（lun）

仓（cang）—抢枪呛跄（qiang）/沧苍伧（cang）

（三）利用声旁间接推求字音，辨别语音

汉字字音与汉字字形中的声旁存在一定的联系，现代汉字中同声旁的汉字虽然未必同音，但总是或多或少地保留了某些共同的语音信息，如都是平舌音或翘舌音，都是前鼻音韵母或后鼻音韵母，都是鼻音和边音。利用声旁字可以类推所谐字的各种语音信息，如"正"字旁所谐汉字"正（～月）、怔、征、症（～结）zhēng，正（～确）、证、政、症（～候）zhèng，整 zhěng，惩 chéng"，一般为翘舌音、后鼻音等。又如：

少—抄、钞 chāo，吵、炒 chǎo，沙、砂 shā。

仓—仓、沧、苍、舱、伧 cāng，疮、创（～伤）chuāng，创 chuàng。

真—真 zhēn，缜 zhěn，镇 zhèn，慎 shèn。

争—争、挣（～扎）、峥、睁、筝 zhēng，净、挣（～脱）zhèng。

令—令 lìng，伶、玲、铃、聆、零、龄 líng，岭、领 lǐng，邻 lín，冷 lěng，怜 lián。

今—今、衿、矜 jīn，妗 jìn，衾 qīn，琴 qín，吟 yín。

艮—根、跟 gēn，垦、恳 kěn，痕 hén，很、狠 hěn，恨 hèn，限 xiàn。

良—良 liáng，娘 niáng，郎、狼、廊 láng，朗 lǎng，浪 làng。

声旁是体现汉字字形表音的基本要素，是汉字教学中偏旁教学法的重要内容。学会利用常见声旁提示字音、辨别字形、类推语音是汉字学习能力的重要体现。

快乐驿站十

"文朝"和"丈庙"

从前，有两个书生到郊外散步。行至一座古庙前，一个书生抬头看见门上悬着横匾，上面写着"文庙（廟）"两个大字，便顺口念道："嘿！这是文朝。"另一位书生踱着方步过来，也脱口而出："唔，这不是丈庙吗?"前一个书生说后个书生念错了，后一个书生又说前个书生念得不对，两人争得面红耳赤，僵持不下。这时，从庙内走出一个和尚来，两个书生竞相请教，和尚哈哈大笑说："文朝丈庙两相疑，我要下山去吃齐（荠），若要知详细，去问苏东皮（坡）。"说罢，拂袖而去，留下两书生面面相觑。

第二节　多音字及其应用

长期以来，汉语汉字的音节与字形存在比较整齐的对应关系，一字一音节，这一特点成为创造诗、词等文学作品的条件之一。随着汉语汉字的发展，一字多音的现象逐渐普遍。现代汉语常用汉字中为数不少的汉字属于多音字。

一、现代汉字中的多音字

现代汉字中多音字数量很大。《新华字典》1990 年版收 735 个，《现代汉语词典》第二版收 941 个，第五版收 928 个。《现代汉语通用字表》7 000 个汉字中，多音字有 625 个，占总字数的 8.9%，其中有 417 个分布在常用字、次常用字中，说明三分之二以上的多音字都是常用字。字典辞书中一个字的多种读音往往按音序分列字条，标明序号。

多音字的存在给交际造成了许多障碍，也给汉字教学增加了难度。近年来有关电视节目主持人读错字音的现象屡见不鲜，其中较为常见的就是多音字错读，如将"主角 jué"读成"主 jiǎo"，将"供给 jǐ"读成"供给 gěi"。

（一）多音字的语音情况

在字典辞书里，多音字的每个读音叫做音项。一个多音字最少有两个音项，最多达五个音项，不同音项之间的语音差异很大。龚嘉镇对多音字的语音情况进行了统计，把多音字分为四类：仅调有异、韵同声异、声同韵异、声韵全异。统计得出通用汉字中有 625 个多音字，其中属于仅调有异的多音字有 273 个，占多音字总数的 43%。[1] 刘春丽统计《通用字表》和《标准字符集》中的多音字共 855 个，其中属于两个音项的多音字有 749 个，占多音字总量的 87.4%，有三个音项的多音字共有 96 个，占总数的 11.2%；有四个音项的多音字有 8 个，分别是叉、朴、行、拉、咯、恶、着、膀；有五个音项的多音字只有 2 个，分别是和、差。[2] 可见，绝大部分多音字都有两个音项，有三个或三个以上音项的多音字很少。

考察多音字的语音情况，可以发现，仅调有异的多音字数量最大，两调字中，龚嘉镇调查统计指出"平去式为最，有 127 个"，占调有异多音字的一半，有去声的两调字计 165 个，占调有异多音字的三分之二。龚嘉镇指出，这是古代变调别义上优化选择的结果。此外，现行多音字中音项差异在于声母不同者有 129 个，占 21%，其中声母分别是 b/p、d/t、g/k、z/c、zh/ch、j/q 的多音字就有 65 个。这些声母发音部位相同，只是发音方法上存在送气和不送气的区别。可见，多音字的语音差异细微，在学习和使用时容易被人忽略。

（二）多音字的类型

绝大多数多音字是古代四声别义造词法的产物，不同读音往往区别词性或词义，这类多音字通常叫做多音多义字。现代汉语中，还有一部分多音字并不区别意义，只是各音项使用场合不同，即我们通常所说的文白异读和习惯异读，这类多音字叫做多音多用字。现分别介绍如下：

1. 多音多义字

多音多义字用不同的读音区别字的不同意义，根据不同意义间的相关程度可以把多音多义字区分为有意义联系的多音多义字和无意义联系的多音多义字两大类。

第一种，有意义联系的多音多义字主要来源于古代的四声别义造词法以及古今语音演变而导致的多音，通过声调等语音要素的变化来区别词语的引申义，从而导致一个字的多音多义。例如："数"作名词时读"shù"，作动词时读"shǔ"；"给"在当"交付"讲时，必须读"gěi"（如给以、交给、还给等）；而在当"供应"讲时，则必须读"jǐ"（如给养、供给、自给自足等）。

第二种，无明显意义联系的多音多义字来源广泛。部分来源于因简化而形成的多音字，如干（幹 gān、乾 qián）、斗（斗 dǒu、鬥 dòu）；部分属于汉字中的同形字，

① 龚嘉镇. 现行多音字分析. 汉字汉语汉文化论集. 成都：巴蜀书社，2002. 138～158.
② 刘春丽. 汉语多音字研究. 黑龙江大学硕士学位论文，2005.

如"差 chā 别"、"差 chāi 遣"和"参差 cī"中的"差";因音译用字形成的多音字,如茄(茄子 qié,雪茄 jiā)、柏(柏树 bǎi,柏林 bó);因人名地名特殊读音而形成的多音字,如"单"一般读"dān",作姓名或地名时读"shàn",表示古代匈奴的君主时读"chán"。

2. 多音多用字

多音多用字的多种读音主要不是区别意义,而是区分语体,如"血",书面语中读"xuè",口语中读"xiě"。语体不同,读音不同,读音有区别语体的作用,属于文白异读。常见的文白异读字还有:剥 bō bāo、薄 bó báo、壳 qiào ké、露 lù lòu、削 xuē xiāo、色 sè shǎi、熟 shú shóu 等。这种文白异读的多音字在字典中也往往单列字头,但在释义时往往标明第二种读音(即白读音)多用于口语,义同第一种,表现在词语形式上,文读音多用于复音词中,白读音多用于单音词中。

还有一种多音字,既不区分意义,也不区分用法,属于纯粹的习惯异读,如:谁shéi shuí,是今后汉字字音规范的对象。

二、多音字的应用

多音字是汉语汉字的特点之一,虽然增加了汉语汉字学习的难度,但从某种程度上提高了汉字记录汉语的效率,减少了汉字的数量。此外,多音多义字在使用中,也造就了一些有趣的汉语文化现象。下面分别加以介绍:

1. 同字异音联

在传统对联中,利用汉字一字多音义的特点组成的对联叫同字异音联。

相传,从前有个豆芽店,生意不好,店主求助于一秀才,秀才为其写了一副对联贴在大门上。

上联:长长长长长长长

下联:长长长长长长长

横批:长长长长

路人看着这副对联都很好奇,纷纷进来探寻正确读法,小店因此生意兴隆。这副对联就是运用多音多义以构成联语,不同的读音表示不同的含义。该对联正确读法是:

上联:zhǎng cháng zhǎng cháng zhǎng zhǎng zhǎng

下联:cháng zhǎng cháng zhǎng cháng cháng cháng

横批：zhǎng cháng zhǎng cháng

民间流传的比较有名的同字异音联还有：

上联：乐乐乐乐乐乐乐 lèyuè lèyuè lèlèyuè

下联：朝朝朝朝朝朝朝 zhāocháo zhāocháo zhāozhāocháo（故宫太和殿联）

上联：海水朝 朝朝朝 朝朝朝落（"朝"有时作"潮"）

hǎishuǐcháo zhāozhāocháo zhāocháozhāoluò

下联：浮云长 长长长 长长长消（"长"有时作"常"）（"长"有时作"涨"）

fúyúnzhǎng chángchángzhǎng chángzhǎngchángxiāo（山海关孟姜女庙联）

上联：好（hǎo）读书不好（hào）读书

下联：好（hào）读书不好（hǎo）读书（明代徐文长对联）

2. 谜语中的音变别解

谜语中，利用有些汉字"一字多音"的特点，对词、句中的某一个字，故意不读常用的某音，以造成意义的别解。这种方法的特点是不触及字形，仅靠音变异读来促使字义的变化。例如：

"不相上下"（打一字）。谜面原义分不出高低、好坏，形容程度相等，"相"读xiāng。谜语中"相"需读xiàng，理解为"看"，"不相上下"就被别解为"不看上面和下面"了，谜底为"卜"。

"尽没重点"（打一字）。谜面中的"重"为多音字，读 zhòng、chóng。谜面中"重点"里的"重"一般读 zhòng，这里要读 chóng，表示双的意思，"尽"没有两点，谜底为"尺"。

"金榜题名"（打一教育名词）。谜面别解为"高中"，"中"本读 zhòng，但"高中"与教育名词无关，可见不是谜底，再利用音变别解为谜底"高中 zhōng"。

"岁岁有东风"（打一交通工具）。"东风"代指"车"，"岁岁"两字重（chóng）复，利用多音字"重"别解，谜底为"载重 zhòng 车"。

"江边一抹就干净"（打一四字成语）。"抹"读"mā"表示擦拭的动作，读"mǒ"时有切除之意，口语说抹脖子即自杀。谜面别解为江边抹脖子，一切全完了之意，和历史成语"乌江自刎"切合。

此外，广告中也会妙用多音多义字造成奇妙的修辞效果，如美的电器90年代曾请著名影星巩俐代言广告，其广告词是："只要是美的，人人都喜欢——美的空调。"广告词妙用"美的"中"的"多音多义，韵味无穷。某当铺广告："当之无愧！""当"多音多义，成语原读第一声，此处也可读为第四声，一语双关。

一字多音多义虽然造就了许多有趣的汉文化，但同时也给汉语交际、阅读带来一些麻烦。如人名中的多音多义字就是交际中许多人都会碰到的麻烦。"王朝阳"，"朝"读 cháo 还是读 zhāo，较难确定，因为"朝（cháo）阳"和"朝（zhāo）阳"都有着美好的寓意，到底是哪个就需要看取名者的本意了。若是"王朝闻"这个名字，熟悉《论语》的人就必定知道其中的"朝"读 zhāo，当源自《论语·里仁》中"朝闻道，夕死可矣"。

现代人的名字中出现多音字，尚且可以向名字的主人询问清楚，若是古人名字中的多音字就需得下一番考证的工夫。《三国演义》中关羽字"云长"，一般人读"cháng"，也有人指出应该读"zhǎng"。刘备的儿子刘禅，其"禅"有两读，"chán"、"shàn"，刘禅字公嗣，与读"shàn"表继承之义较吻合。孔子的弟子曾子，又名曾参，现代许多著作注音为"shēn"，有学者就指出当读"cān"，同骖，和曾子的字"子舆"相对应。

此外，多音字的存在还造就了一字两姓的情况，常见的是"乐"和"盖"两个。"乐"有两个音，一为 lè，一为 yuè，而"乐（lè）"和"乐（yuè）"是两个不同的姓。1996 年乐静宜在巴塞罗纳奥运会上夺得一枚游泳金牌，开始人们将她的名字说成"乐（yuè）静宜"，后来经其本人指正，人们又改读为"乐（lè）静宜"。"盖"也有两读，"盖（gài）"和"盖（gě）"，分别为两个姓。总之，姓名中的多音字虽然给汉语交际带来一定的麻烦，却也是汉文化的组成部分。

三、多音字与汉字教学

在汉语汉字教学中，多音字教学主要集中在常见多音多义字，属于文白异读或习惯异读的多音字不作为教学重点。

从前面的分析可以看出，常见多音多义字不管在读音还是意义上，大部分都存在或多或少的联系。教学多音多义字的重点就是在词语、句子等语境中根据意义、用法来辨别读音。华文教育中的汉字教学大多以词汇教学的形式存在，学习者习惯从词汇整体认读的角度来识别词语中的汉字读音，缺乏语素汉字归纳意识，较难从众多同语素词中归纳某个汉字多音多义的特质，更难自觉形成据义定音的意识和能力。因此，当华文学习者在使用多音多义字时，较容易形成误读或误用。例如：

（1）好：①hǎo（好人 好书）　②hào（好学 好动 好吃）

（2）看：①kàn（看见 看书）　②kān（看护 看管 看守）

"好"、"看"二字都是常见的多音多义字，其中第一个读音所组成的词语非常常见，使用频率很高，也是学生最先接触的读音，第二个读音组成的词语也比较常见，但往往是后来才接触到的读音，学生在使用这种多音字时，容易在第二组读音的词语中误用第一组读音，形成误读。有了误读，就会产生误解，不能正确区分多种读音下的不同意义和用法。例如"好吃"，读 hǎo，表示食物味美，读 hào 则表示爱吃，前者是形容词，后者是动词。两词在生活中都很常见，需要结合上下文语境确定其读音。华文学生由于对多音多义字据义定音的方法不太熟练，所以读错的概率非常大，从而导致词语的误解误用。

在华文教学中，要让学生真正掌握常见多音多义字，正确使用多音多义字，可以从如下几个方面着手：

第一，以旧带新、以新串旧，不断复现、总结、归纳多音汉字在不同词语中的读音与用法。在华文教育中，多音字的不同读音往往出现在不同阶段的词语学习中，词汇教学中关注的是词语整体读音和意义，不会特别分析个体语素汉字的音、义情况。教学中，有目的地联系含有多音字的已学词语，让学生学会对比、归纳、分析同语素词语中的多音多义字，是教学多音多义字的有效方法。

第二，进行大量有针对性的注音组词练习。多音多义字中显性的多音元素和隐性的多义元素只有在特定的词语、句子等语境中才能凸显出来。教学中针对某个或某些多音多义汉字而设置的注音组词练习是非常必要的。下面的例题就是针对多音字的辨析而设置的题型。

例题一　给下列句子中的多音字注音。

1. 小松鼠长（　　　）着一条长（　　　）尾巴。

2. 听音乐（　　　）是一件很快乐（　　　）的事情。

3. 望着（　　　）窗外的大雨，妈妈很着（　　　）急。

4. 得（　　　）造一杆有人提得（　　　）起的大秤。

5. 爸爸还（　　　）没有走，叔叔就把东西还（　　　）给我们了。

例题二　给下列多音字组词。

要 yāo （　　）	发 fā （　　）	只 zhī （　　）
yào （　　）	fà （　　）	zhǐ （　　）
没 méi （　　）	种 zhǒng （　　）	分 fēn （　　）
mò （　　）	zhòng （　　）	fèn （　　）

例题三　辨析多音字同形词的不同含义。

1. 朝阳 cháo yáng（向着太阳）　　　　zhāo yáng（初升的太阳）

2. 大王 dà wáng（国家的首领）　　　　dài wáng（旧时称强盗的首领）

3. 倒车 dǎo chē（中途换车）　　　　　dào chē（使车向后退）

4. 同行 tóng xíng（一起行路）　　　　tóng háng（同行业的人）

例题四　归纳多音多义字不同读音的意义和用法。

号 hào 组词____、____，含义：名词，表号令　　　　。

　 háo 组词____、____，含义：动词，表哭叫　　　　。

例题五　标出多音字在不同词语中的读音。

漂亮（　　）—漂流（　　）　　　没有（　　）—淹没（　　）

还书（　　）—还有（　　）　　　劳累（　　）—积累（　　）

第三，注意多音多义字的不同读音在词语教学中出现的先后顺序，关注后来出现的读音和使用范围较小的读音。华文教学的实践证明，学生总是对最先接触到和使用频率较高的汉字的形、音、义印象深刻，这表现在多音多义字的学习上容易用最先学到的、最常见的音替换新学或出现频率不高的读音，造成误读和误用。教学中，就需要有针对性地对后学的字音及出现频率不太高、使用范围较窄的字音给予特别关注。如汉字的一般读音和人名地名特殊读音之间的区别。

第四，多查字典，利用字典中不同读音单列字头并按义项归纳词语意义的编排特点，让学生学会提炼多音多义字中不同读音所表示的意义、用法及使用范围，从而类推词语中多音汉字的读音。

快乐驿站十一

解解解元之渴

明代解缙游历登山，途中口干舌燥，想寻水解渴，突然发现林木掩映之中有一草庐，里面传出清脆悦耳的乐声，细听乃《高山流水》。及至进了草堂，只见一皓首老者抚琴而坐，如醉如痴。解缙急忙向老者讨水喝，老者问他是何人，解缙出口答道："吾乃解缙解元（乡试第一名）是也。"老人笑道："你就是号称神童、善对对联的解缙？"说完从屋里端出一碗热茶，递给解缙，随口吟道：

"一杯清茶，解解解元之渴。"

解缙一听，大惊。此上联看似平凡，实则蕴涵机关，联语中用一多音多义字将解渴之意、自己的姓氏、解元的身份全包含进去了，要出下联，必得也用一多音多义字。解缙端着茶碗，如坐针毡。老者微笑不语，继续端坐抚琴。良久，解缙喝完手中的茶，却未对出下联。无奈，站起身向老者施礼："请问尊姓?"老者含笑答道："姓乐!"解缙一听，茅塞顿开，吟道：

"七弦妙曲，乐乐乐府之音。"

老者一听，赞不绝口："妙! 妙!"

第三节　同音字及其应用

汉语中同音字众多，这已成为汉语汉字的显著特点。同音字一方面给我们带来口语交际的障碍，另一方面也衍生出许多有趣的文化现象。著名语言学家赵元任先生曾撰写了两篇有趣的"同音文"，其中一篇是大家熟知的《施氏食狮史》，另一篇如下：

饥鸡集机记①

唧唧鸡，鸡唧唧。

几鸡挤挤集机脊。

机极疾，鸡饥极，

鸡冀已技击及鲫。

机既济蓟畿，

鸡计疾机激几鲫。

机疾极，鲫极悸，

急急挤集矶级际。

继即鲫迹极寂寂，

继即几鸡既饥即唧唧。

这篇同音文通篇都是音节"jī"，所用汉字不同，单纯依靠听，很难理解文章的含义，但通过辨别同音汉字的字义，可以阅读并理解文章的大致意思。

在 7 000 个通用汉字中，所使用的区分声调的音节为 1 200 多个，平均每个音节负载汉字 5.8 个，于是同一音节下便出现了许多同音字，给口头交际带来一定的障碍。例如：

甲：把口罩戴上！

---

① 赵元任. 语言问题. 北京：商务印书馆，1980. 150.

乙：带了。

甲：你明明没戴！

乙：我是带了。（掏出）你看。

由于"戴"、"带"同音，且二字运用的上下语境基本相同，因而在口语交际中导致说话者和听话者的偏误。实际上，绝大部分同音字由于意义、词性、用法大相径庭，因而在特定的语言环境中是绝不相混的。

从汉语音节所辖汉字来看，不同的音节所辖汉字的数目是极为不均衡的，有的音节所辖字非常多，例如 yi、ji、xi 三个音节所辖通用汉字都超过 100 个，而 ei、eng、fo、den、dia、nou、neng、nia、nin、nuan、lia、gei、kei、chua、ri、sen、seng 17 个音节无同音字。若区分声调，通用汉字中则有 200 多个无同音字的音节，有学者称之为"独字音节"，并对这 200 多个独字音节字进行分类描述，发现主要有如下几个类型：

（1）这些独字音节字在语义上多表示不吉不雅，如死、丧、坏、孬、偷、蠢、瘸、傻、卵、尿、屁、肮等。

（2）一些纯口语用字读音，如谁（shéi）、熟（shóu）、这（zhèi）、寻（xín）等。

（3）一些方言用字，如妮（nī）、囝（nān）、嗲（diǎ）等。

（4）古语用字，如骋（jiōng）、喁（yóng）等。

（5）象声词用字，如哞（móu）、汪（wāng）等。

（6）外来音译字，如佛（fó）、僧（sēng）等。

（7）一些助词叹词用字，如啊（á）、哈（hā）等。

（8）一般常用字，这类最多，也最常见。列举如下：

常用名词：口 髓 血 梦 森 盆 棍 嘴 肉 腿 面 命 草 绳 瓦 猫 体 水 牛

常用动词：打 拍 扔 扛 摸 抡 摁 拗 切 走 过 哄 吞 放 能 晒 捞 拧 抔 弄 刷 跑 透 吼 论 给 耍 困 捧 捏 拖 卡 凿 蹭 闯 喷 说 改 散 酿 拐 抹 舍 剖 绕 藏 嚷 收 恨 着（zháo）

常用形容词：粗 冷 倔 少（shǎo） 俗 胖 热 爽 远 侉 暖 闷 粉 湍 蒙 坏

其他常用词：我 更 且 外 寸 某 喷 仍 套 哪 刷 您①

独字音节字一音节一字，排除了同音的干扰，通用汉字中更多的是多字音节字，这种多字音节字就是我们常说的同音字。同音字数量众多，是汉字教学的重点和难点，也是导致别字产生的重要原因。

同音字按照形体相似程度区分为同形同音字和异形同音字。其中同形同音字是指两个字形、音完全相同，而彼此所表示的意义毫无关系的同音字。著名语言学家吕叔湘在《语文常谈》中指出："对那些意义相差甚远或意义相差不太远而词性不同的同一形体同一语音的字，应该破除字形的假象，看成同音同形的两个不同的字。"在过去的字典辞书中，同形同音字往往分列不同的字头，但在商务印书馆第十版《新华字典》中，已将同形同音字看作一个字，分列不同的义项。在汉语教学中，同形同音字也往往被看作是一个字的不同意义。对汉字学习产生重要影响的是异形同音字。根据同音字形体、意义的相似程度，可以分为如下几个类型：

（1）形体无相似之处的同音字，如制—治、像—相、再—在等。

（2）形体形似之同音字，又可根据形体偏旁的形似关系分为如下几类：

第一类，成字声符与同音形声字，如采—彩、度—渡、分—份、复—覆、象—像等。

第二类，声符相同而形符不同的形声字，如弛—驰、辨—辩、措—错、璜—潢、晖—辉、记—纪、副—幅、腊—蜡、朦—曚—曚、儒—濡、锁—琐—唢、帖—贴、唯—惟—维、晰—皙、消—销、震—振等。

第三类，声符不同形符相同的同音形声字，如混—浑、捡—拣、橘—桔、徇—循、涛—滔。

在汉字教学中，同音字数量虽然众多，但在阅读写作中，并不是所有的同音字都会产生同音别字。容易出现同音别字错误的主要有如下几个特征：

第一，形体相似程度较高，有相同的声旁。如练—炼、载—栽等。

第二，能够使用相同的语素构成合成词。如察—查，二字都可以构成查访—察访、查看—察看、检查—检察、考查—考察、审查—审察、侦查—侦察等同音合成词语，但词语意义有别。

第三，在某些意义或用法上可以通用，而在其他地方则不能混淆，导致同音别字。如趁—乘，二字读音不完全相同，一个前鼻音，一个后鼻音，由于口语中前、后

① 张普．现代汉语独字音节说．第四届国际汉语教学讨论会论文选．北京语言学院出版社，1995.

鼻音分辨不清，一般也看作同音字。二字的用法和意义本不相同，在用于"利用（时机、机会）"这个义项时，可以通用，如趁机—乘机、趁便—乘便，但在其他合成词或单独使用时不能混淆。词—辞，在"措辞—措词"中可以通用，在其他地方则不能通用。含—涵，在"含义—涵义"中意义相通，而在"包涵—包含"中则意义迥异，不能混淆。

第四，字义所指有关联之处。如哀—唉，其中"哀"有悲痛之义，"唉"表叹息，二字意义所指存在一定的关联，所构成的词语"哀叹"意为悲哀的叹息，与"唉声叹气"意思相近，因此易将"哀叹"误写成"唉叹"，或将"唉声叹气"误写成"哀声叹气"，错误理解成"悲哀的叹息声"。

可见，多字音节字在使用过程中造成的同音别字现象在教学实践中受到汉字形体、意义等多重因素的影响和制约，使得汉字教学中的同音别字体现出一定的倾向性，这是我们在教学中需要特别注意的。

二、同音字与谐音文化

同音字的大量存在虽然在一定程度上对交际造成了障碍，但因同音字而产生的独特文化现象也不在少数。对此，潘文国先生曾指出："如果考虑到汉字形音义一体的本质，我们马上会发现同音字多的问题不仅不是汉语的一个弊病，而且是汉语的一项重要特色。整个汉语文化，甚至可以说是一种谐音文化。整部汉语使用的历史，可以说离不开对同音字现象的妙用、巧用。不懂得汉语的谐音之妙，就不曾真正懂得汉语。"[1] 汉语中因汉字而产生的谐音文化主要有如下几类：

（一）同音字与民俗生活中的"讨口彩"、谐音禁忌

"讨口彩"就是利用汉语汉字的同音特性使本没有联系的事物构成一定的联系，以寄托人们的心理愿望，在形式上常常以图案、场景或实物等方式来表现谐音现象。由于语音受地域性限制，不同的方言产生不同的谐音，形成不同的"口彩"。在广东和香港地区，人们都很喜欢数字"八"，因为在广东话里面"八"与"发"是谐音的；广州人过年，家家都爱买盆桔子，因为"桔"与"吉"在粤语方言里同音。买四季桔的寄寓是"四季吉利"；买金桔的意思是"金玉满堂"；买盆朱砂桔，又红又大，当然是"大吉大利"。在浙江金华，新娘入洞房时，要用几只麻袋垫在新娘脚底

---

① 潘文国. 字本位与汉语研究. 上海：华东师范大学出版社，2002.

下，新娘须从麻袋上步入洞房，这种仪式叫做"传袋"或"接袋"，谐音"传代"、"接代"。在北方，新郎新娘要吃半生不熟的水饺，当别人问新郎新娘"生不生?"他们齐声回答"生!"这是因为生熟的"生"和生孩子的"生"谐音。传统年画中的莲花、鲤鱼等图案，谐"连年有余"之音。剪纸艺术中常有喜鹊站立在梅树枝头的形象，寓意"喜上眉梢"，如图4-1、图4-2所示：

图4-1　连年有余

图4-2　喜上眉梢

　　"讨口彩"虽然有一定的地域特点，但不论何地的口彩，都围绕吉利、喜庆、幸福、财富、长寿、后嗣等内容，取同音字中的吉利字眼来祈求如愿。

　　和"讨口彩"相反的是谐音禁忌。在民俗生活中，我们送礼不能送钟，因为"钟"与"终"谐音，看病人不能送梨，因为"梨"与"离"谐音。广东人叫"猪舌"为"猪利"，因为"舌"字与"赊"同音，在生意人看来不吉利。渔民忌讳用"陈"、"帆"等字眼，因为"陈"与"沉"谐音，"帆"与"翻"谐音，不吉利。很多地方人们的车牌号码、房间号码忌讳数字4，因为4与"死"同音。这些都是民俗生活中的谐音禁忌，且不同地区有不同的内容。

　　（二）同音字与语言使用中的谐音修辞格

　　汉语谐音修辞格比比皆是，无论是正式的文学作品，还是广大群众的口头交流，运用同音字的同音（音近）而造就的谐音修辞格成为汉语文化的基本内容之一。主要表现在如下几个方面：

（1）古代的文学作品，诸如古代诗歌、对联，常常利用谐音造成奇特的文学效果。例如温庭筠《杨柳枝》：

井底点灯深烛伊，共郎长行莫围棋。

玲珑骰子安红豆，入骨相思知不知。

又刘禹锡《竹枝词》：

杨柳青青江水平，闻郎江上唱歌声。

东边日出西边雨，道是无晴却有晴。

温庭筠《杨柳枝》中"烛"谐音"嘱"，"围棋"谐音"违期"；刘禹锡《竹枝词》中"晴"谐音"情"。

古代对联中也多运用同音字的谐音来制作联语，这种谐音对联利用同音字的关系，使联语语意双关，言在此而意在彼，例如：

两猿截木山中，这猴子也敢对锯；

匹马陷身泥内，此畜生怎得出蹄。

此联为戏谑之作，上联"对锯"与"对句"谐音，"对句"即作对联。下联听者反唇相戏，"出蹄"与"出题"谐音。上下联似说牲畜，实则暗含讥讽。利用谐音来制作对联，其联语所指往往是所谐之字词。例如：

二三四五

六七八九

横批：缺一少十

横批所谐即"缺衣少食"之意。

（2）现代口头语汇，诸如相声、广告用语、歇后语、谚语中也多使用谐音修辞格。

在相声中，常常利用谐音别解造成幽默风趣的效果，制造相声中的笑点。这种谐音别解往往利用了语音形式的巧合，通过谐音的方式误解或故意曲解说话者的原意，达到夸张变形的艺术效果。例如：

（官气十足，不懂业务的处长"上课"，引起群众哄笑）

甲："哈哈哈，同志们全笑了。这说明我们贯彻《准则》贯彻得还可以，说明我这个领导还行嘛！"

乙："什么叫还行啊？"

甲："'不行'群众为什么笑呢？笑说明问题，我们中国有一句成语——"

乙："怎么说的？"

甲："上行下笑（效）哇！"

选自姜昆、李文华相声《处长"上课"》

相声中的处长自作聪明，把"上行下效"误解成"上行下笑"，把行动的"行"理解成表能干的"行"，讽刺效果强烈。又如：

甲："历史上这些女豪杰，有文有武，有的当了皇帝，有了当了皇太后。你们说我像皇帝呢，还是像太后呢？"

乙："你是太厚。"

甲："我是什么太后呢？"

乙："你是脸皮太厚！"

选自马季、唐杰忠相声《白骨精现形记》

相声中"太后"与"太厚"两个词语，词性不同，语法结构不同，意义更是风马牛不相及，把"太后"曲解为（脸皮）"太厚"，确实不协调得近乎荒谬了，但由此产生的笑料却妙趣横生。

广告用语中利用谐音进行成语换字，用同音字或近音字对固有成语中的某些字进行替换，使形式、意义固定的成语改换原有的形式，造成新意，产生独特的艺术效果。例如：

有"杯"无患（哈慈杯）

一"炎"难尽（消炎药）

爱不"湿"手（洗衣机）

默默无"蚊"的奉献（灭蚊片）

"咳"不容缓，请用桂龙（桂龙咳喘宁药商品广告）

谐音式歇后语也运用谐音修辞格，它的后一部分借助音同或音近的谐音字来表达意思。这种说法妙语双关，有"言在此而意在彼"的意味。它浅显易懂，语言幽默，深受人们的喜爱。例如：

公鸡戴帽子——官（冠）上加官（冠）

下雨天不戴帽——临（淋）到头上

小碗吃饭——靠天（添）

山上滚石头——实（石）打实（石）

卖布不带尺——存心不良（量）

茶馆里招手——胡（壶）来

妈妈的众姐姐——多疑（姨）

……

谐音法运用广泛，近年来，网络聊天、校园流行语，甚至脑筋急转弯的游戏也运用谐音修辞格，此外，民间俗语、谚语中也多使用谐音修辞格。例如网络上近年流行的俗语：政"误"（务）公开，白"收"（手）起家，人民"供"（公）仆，"攻官"（公关）小姐，"烟酒烟酒"（研究研究），"气"（妻）管炎，床头"柜"（跪）等。但汉字谐音法的使用是有范围的，不可滥用。谐音法大多应用在诙谐幽默的场合或口语文体中，不允许用在严肃的场合和正式的文体中。

（三）同音字与取名文化

在中文取名中，利用谐音取名是一种较为常见的方法。谐音取名就是在取名中故意用与表达字义不同的别字，这一方法源于明末清初，刚开始主要用来取新的字或号，不用来取本名。民国时期，主要用来取笔名、别名、艺名、化名等，后来也用于取本名。潘文国在《实用命名艺术手册》中总结出由音到音法、由音到义法、由义到音法①。其中由音到音法纯粹利用同音字造成一个同音不同形的名字，字义不是考虑的内容，这个多用于革命年代革命者的化名，例如作家何其芳就使用过"和其放"、"何启放"两个笔名。由音到义法不但利用同音别字来构成新的同音异形的名字，并且选用同音字时还考虑其所组合的意义，千方百计把新的同音字组成一个完整的意思，以表达命名者某种志趣。例如"宁继福—忌浮"、"董秋思——求思、求是、求实"等。由义到音法与之相反，取名者有特定的含义，但在名字用字上却选择一个同音字代替，这种名字从所用字表面上看没什么特别含义，被谐字的字义才是取名者所要表达的意思。曹雪芹在《红楼梦》中总共写了975个人，其中有姓名的732个，人称《红楼梦》"一姓一名皆具精意"。作者在创作这些姓名时，并不是随意为之，而是精心安排，由义而音，而解读这些名字的真实含义就必须利用同音字，如"贾雨村"谐音"假语存"，"甄士隐"谐音"真事隐"，贾府元春、迎春、探春、惜春合起来就是"原应叹息"，甄英莲是"真应怜"等，处处体现了作者的匠心独运。

取名中善用同音，会起到意想不到的效果。相反，取名中也会因不注意谐音效果而给所取名字带来麻烦。这通常是指一些名字原本具有较好的字义，但因其同音字具有不好的含义而给所取名字带来贬义色彩。如姓何的给孩子取名"何鲤"寓意深刻，且同音字"合理"也无贬义，而姓宋的也给孩子取名"宋鲤"，因其谐音"送礼"就

---

① 潘文国. 实用命名艺术手册. 上海：华东师范大学出版社，1994.

可能被人取笑。例如，下列名字被认为是近年来人口普查中因谐音而表现出来的最爆笑的名字，这些名字的谐音字往往表示的是最不雅、最俚俗的含义。如：

范　剑　　姬从良　　范　统　　朱逸群　　秦寿生
沈京兵　　吴道德　　杜子滕　　胡里京　　矫厚根

三、同音字与汉字教学

在华文教育识字教学中，同音字一直是教学的难点。随着学生识字数量的增加，因同音而造成的别字问题成为汉字书写中的最大问题。

在汉字教学的初期，学生对已学汉字形、音、义的关系还不能完全掌握，因而在书写汉字时常常用熟悉的同音字代替不太熟悉的同音字，造成同音别字。这时期的同音字教学重点是帮助学生建立形、音、义的联系。由字联系词，通过组词来区分同音汉字。例如，在教学"园"字时，学生很容易将这个字和已学过的同音字"圆"混淆，教师一方面应在组织教学语言时有针对性地指出"园"是"公园"的"园"、"花园"的"园"，不是"圆圈"的"圆"，另一方面，通过有目的的组词练习使学生区别两个同音字，让学生逐步建立起同音字相区别的意识。例如，让学生在课堂上口头练习同音字组词，如"杨——杨树、扬——表扬"，"娱——娱乐、愉——愉快"，也可以让学生做书面的同音字组词练习，如：

尤（　　）——由（　　）　　　　在（　　）——再（　　）
州（　　）——洲（　　）　　　　历（　　）——厉（　　）
装（　　）——妆（　　）　　　　至（　　）——致（　　）

汉字教学的中高级阶段，同音别字体现出一定的倾向性，主要表现在形似同音字的混淆，因此有针对性地进行汉字形体分析对学生建立汉字形、音、义的联系就显得十分重要了。例如，"弛—驰"、"辨—辩"既是同音字，也是同声旁形近字，分析形旁的表意性往往能够很好地辨析同偏旁同音字。因此，在汉字学习中高级阶段，适当介绍汉字构形规律尤其是形声字形旁表意、声旁表音的规律是十分重要的。

无论是在初期还是中高级阶段，教学中区分同音字往往都强调结合汉字形体，以形体来联系字义以区分同音汉字。如采用会意联想，利用表意字或会意字的形意联系，从形体的角度区分同音汉字。如"从"和"丛"，"从"字由前面一个"人"和后面一个"人"组成，可会意为一个人跟着另一个人，即"跟从"、"随从"的

"从";"丛"字下面的"一"像是地平线,上面的"从"像是花草、树木,所以"丛"想象为"长在一起的草木",即是"花丛、树丛"的"丛"。此外,偏旁辨析是最为常见的方法。同音字中有很大一部分是形声字或意音字,可利用形旁表意的特点来区分同音字。例如,同音字"棵"和"颗"都可以作量词,但"棵"是木字旁,跟树木植物有关,所以一般用于"一棵树,一棵草";而"颗"是页字旁,原表示"一颗人头",后来人体中圆的部分或者事物中颗粒状的东西也用"颗",如"一颗心"、"一颗子弹"、"一颗汗珠"。又如,"澡、噪、燥、躁",通过偏旁的辨别,区分洗澡的"澡"、噪音的"噪"、干燥的"燥"、急躁的"躁"。"叮"、"盯"一个用"口",一个用"目",形体不同,意义也有别。

能够从显性形体的差异来区分读音相同、意义不同的同音字还不算是教学的难点。教学中,形体之间并无相同之处,而隐性意义、构词上互有纠结,往往与另外的语素组成同音词的同音字才是华文教学和母语汉字教学的难点。例如:"应"、"映"二字,读音相同,形体不同,意义也有别,但二字都可与"反"组成合成词"反应"、"反映",二词都是《汉语水平词汇与汉字等级大纲》中的乙级词,都可以作名词、动词,在句子中的句法功能相同,教学中只能从字、词义及所使用的语境来辨别二词,"反应"指人或动物有机体因受刺激而发生的活动或变化,而"反映"有两个含义,一是把客观事物的实质表现出来,一是向上级传达。例如,"他反映了存在的一些问题"、"他有什么反应",两词不能混淆。这类同音字词的辨析需要由字到词,由词到句,通过一定的语境来突显其意义和用法的差别。

总之,华文教学中同音字的教学着重在两个方面,一是析形,分析形体从而联系意义;二是别义,通过组词造句区分其意义和用法的差别。此外,汉字教学中的同声旁字族教学法也是有效区别同声旁同音字的方法之一。

快乐驿站十二

zhàn 着吃

有一大粪工担着两桶大粪,小青年掩鼻嚷臭,大粪工放下担子说:"臭?你要是给我买包点心,我敢 zhàn 着吃!"小青年真想看看点心蘸大粪的奇观,不惜花钱买了一大包,大粪工接过点心大口吃起来。小青年问:"你不是说蘸着吃吗?"大粪工说:"我这不是站着吃吗?"小青年目瞪口呆。

思考练习四

一、下面是一副同字异音联，试着给对联中的多音字注音并说出对联的大致含义。

上联：调琴调新调调调调来调调妙
下联：种花种好种种种种成种种香

二、古诗中常出现多音多义字，要读准古诗中的字音，就需要正确理解诗中多音字的含义。下面几首诗中都有一个相同的多音字，请找出来说说它们分别读什么，表示什么意思。

1. 好雨知时节，当春乃发生。
   随风潜入夜，润物细无声。
   野径云俱黑，江船火独明。
   晓看红湿处，花重锦官城。——唐·杜甫《春夜喜雨》

2. 洛阳城里见秋风，欲作家书意万重。
   复恐匆匆说不尽，行人临发又开封。——唐·张籍《秋思》

3. 水南水北重重柳，山后山前处处梅。
   未即此身随物化，年年长趁此时来。——宋·王安石《庚申正月游齐安》

三、下列 19 组词语是选自《现代汉语词典》中的多音节异音同形词，指出词语中的多音多义字，并根据多音多义字的语音语义线索推断该词语的不同读音及含义。

爱好、奔命、播种、当年、当头、倒数、赶场、尽量、空心、切口
倾倒、中式、转动、行道、同行、朝阳、重读、调拨、外传

四、下面是两则小品，对话中多次妙用同音词，起到了诙谐幽默的艺术效果。请找出其中的同音词语，赏析其产生的艺术效果。

（一）赵本山《三鞭子》

赵："你这司机长得就违章。"（意指近视）

司："我这是平镜。"

赵："你还平静哩!"（指车陷下去）

司："啥车都不能走?"

赵："毛驴车就能走。"

司："我说的是机动!"

赵："你老激动个啥? ……"

司："那我可得好好谢你了!"

赵："要谢就帮我卸驴。"

（二）《歪批三国》

乙：周瑜他姥姥家姓什么?

甲：姓纪。

乙：诸葛亮他姥姥家姓什么?

甲：姓何。

乙：张飞他姥姥家姓什么?

甲：姓吴。

乙：《三国》原文没有哇?

甲：有，周瑜在临死的时候，仰面长叹，说了一句。

乙：说什么?

甲：说："既（纪）生瑜而何生亮? 这就是说：纪氏老太太生的周瑜，何氏老太太生的诸葛亮。"

乙：哎，不对，人家说的是既然生周瑜何必再生诸葛亮!

甲：我就这么体会!

乙：好! 那张飞他姥姥家为什么姓吴呢?

甲：你没看老太太管小孩，不有那么一句话吗："你这个孩子，总出去惹祸! 真是无（吴）事（氏）生非（飞）!"这就是吴氏老太太生的张飞!

五、广告中常使用成语谐音改字。下面是一篇专门讽刺在广告中利用同音字词乱改成语现象的文章。文章以"一位广告人对爱慕已久的恋人的表白"为内容，写了一封"情书"。请找找看，这封信中用到了哪些同音字（音近字），猜想一下这些"成语"可能是给什么商品做广告的。

亲爱的：

当衣衣难舍的深情化为天尝地酒的思念，我只想咳不容缓地低问一声：是否鳖来无恙？年轻的心渴望着一明惊人，渴望着像钙世无双的一戴添娇那样，创建喝喝有名的丰功伟液，于是有痔无恐、易燃决燃地投笔从绒，去做前城无量的美梦。

当布布为营、志在壁得的雄心在红尘俗世中被一次次摔打历练，方明白酒负盛名的背后其实是颗苍老疲倦的心，而拥有一份贤漆良木般的温暖，才能令远行的航船有被无患，即使风浪滔天也能豪情万丈、骑乐无穷地奋斗。

真正的爱是说不清楚的，能说清楚的就不叫爱。酒酒归一，所有默默无蚊的眼神都异曲同工，全部遮遮掩掩的心跳都无所不用其机，都是为了鸡不可失地说出那句古老美丽的低语：我爱你。

第五章　汉字的字义及应用

汉语是一种语义型语言，"字"是汉语中天然的结构单位。字义既可以是独立完整的意义单位，也可以是组成词语意义的构造单位。在华文教学中，教学者多关注词语的意义而很少注意词语中的汉字字义或语素义，学生在学习中也多使用词典而很少使用字典，导致汉字的字义没有得到应有的重视，严重影响了汉字的学习和词汇的扩展。

第一节　汉字的字义及其应用

汉字的字义，通俗地说是指字、词的意义、含义。在古代汉语中，只有字而没有词的概念，因此字义就是词义。发展到现代汉语，"字"更多地被看作是书写单位而不是语言单位，又加上从西方引进了"词"（word）这一概念，字、词所指出现差异，字义并不完全等同于词义。例如，有这样一个笑话《咬咬牙》：

子："爸爸，昨晚我女朋友说，要我再拿出 5 000 元钱买金戒指和金项链，她才和我结婚。你就再咬咬牙，给我 5 000 元钱吧！"父亲一听，忙张大嘴，吼道："瞧瞧，瞧瞧，我的牙都掉完了，还拿什么再咬呢？"

在这个笑话里，"咬咬牙"和"牙齿"的"牙"虽然是同一个字，但所使用的意思并不相同，分别表示不同的词义，体现了字词之间的差异。

一、常用汉字字义

汉字不同于西方拼音文字，不能将之看作纯粹的书写单位，而是形、音、义三位一体的汉语结构单位。因此，汉字不但有音、有形，同时亦有义。

在古代，人们每造一个汉字基本上都是为了记录语言中一个具体的词，因此当时的汉字多一字一义。随着词汇量的增加，为新词新义造专用字达到一定程度，就不再采用造新字的方式，而是采用一个汉字表示多个语素义的方式，这多个语素义和别的语素构成多个词语，这就是我们说的一字多义。越是常用的汉字，所负载的词义越多。常用字中真正意义上的单义字其实很少，主要集中在一些科技名词、化学元素名词上，如铵、氮、碲、碘。

所谓一字多义，是指一个字有两个或两个以上的意义，这多个意义有的是独立的词义，有的是语素义。一字多义主要表现在常用字上，打开一本《新华字典》，会发现很多常用字的意义都有多种，这还没有包括古代使用过的意义。据调查，常用字中义项在15个以上的有15个字，分别是白、出、打、点、发、放、号、花、就、开、老、上、生、套、下。例如，"开车"、"开公司"、"开会"的三个"开"意思就不一样。这些不同的意义之间并不是毫无关系的，彼此的地位也不是完全平等的，有的意义是基本意义，其他的意义都由它派生出来；有的意义是最常用的意义，其他意义只在某些特定场合使用。例如，《新华字典》中"头"有如下几个义项：

①人或动物的脑袋。

②顶端、末端：山头、两头大中间小。

③事物的起点：开头、从头到尾。

④长形物品的残余部分：烟头、粉笔头。

⑤第一：头号、头等。

⑥次序在前的：头两个。

⑦领导、头领：当头儿的、流氓头儿。

⑧某个日期以前的：头天、头年。

⑨量词：一头牛。

"头"在现代汉语中是个典型的多义字，其中第一个意义是基本意义，其他的意义都是由这个基本意义引申、派生或者假借出来的。常用汉字往往是一字多义的，在每一次具体应用时都只用其中的一项意义。一般来说，通过合成词中其他相关的语素语义制约以及上下文构成的语境，可以使多义字单义化。因此，一个字的多义通常并不会在交际中造成歧义。多义字的多个意义的性质和地位并不相同，从不同角度对其进行如下分类：

（一）按多义字意义性质划分

根据多义字的众多意义性质，可以划分为本义、引申义、假借义。

1. 本义

顾名思义，本义就是字的本来意义或最早的意义。文字学界一般将字的本义定义为能从字形中分析出来的与字形相一致并能用文献来证实的词义。汉字是表意文字，不论是古代汉字中的象形、指事、会意、形声等造字法表示的汉字，还是现代汉字中的表意字、意音字，形体都或多或少地提供了某些意义信息。将形体提供的意义信息证之以文献，就能追索到字的本义。如"年"字，《说文》释为："谷孰也，从禾千声。"甲骨文写作 ，为一人肩扛谷穗之形，会意字，表示谷子熟了，古代把谷子成熟一次看作一年，因此后来引申为表时间。

字的本义是造字之初形体所表示的意义，是文献中用到的较早意义，也即当时的常用意义。字的本义发展到今天，或多或少发生了一定的变化。有的字本义在现代汉字中依然是常用意义，有的字本义却已经消失，还有的字本义成为构词语素义而保留在一部分书面词语中。例如：

快：《说文解字》："喜也，从心夬声。"《孟子·梁惠王上》："抑王兴甲兵，危士臣，构怨于诸侯，然后快于心与？"现代汉语中，"快乐"、"快意"、"愉快"等词中还保留了"快"的本义。

耐：篆文作 ，从而从寸，"而"本指人的胡须，"寸"表示法度。该字构形本指古代剃掉胡须的一种刑罚。睡虎地秦墓竹简中有"律所谓，非必珥所入乃为决，决裂男若女耳，皆当耐"，"当耐"即指剃掉胡须，这是当时的一种刑罚手段。后引申指忍耐，本义随着秦律之废而销声匿迹了。

齿：甲骨文作 ，象形字，金文作 ，从 止声，形声字。古代多特指门牙，今天泛指牙齿。

走：金文作 ，会意字。古代指跑步，现代指走路，意义发生了变化。但表跑步的古义还保留在"走马观花"这一成语中。

字的本义对理解字的多种意义尤其是多种引申义之间的联系非常重要，因为后来的引申义都是在本义的基础上通过多种引申分化而来的。例如，"止"的本义是脚趾（甲骨文里字形是脚趾的象形），脚趾到哪里，人就停在哪里，所以表示"停止"，如止步。后来，表示"使……停止"的意义，如止血、止痛等。当然，"止"字在现代汉语中常用的基本意义是"停止"而不是"脚趾"，脚趾的本义由另外一个汉字"趾"表示。

2. 引申义

汉字的引申义是从本义演变过来的且和本义有某种联系的意义。如"日"的本义是太阳，引申为表示时间；"月"的本义是月亮，引申为也表示时间。这种由本义直接引申出来的意义，两者之间的关系明确易懂。很多字的引申义继续引申出新的意义，形成了文字的多种意义。

按照引申的方式，有辐射式、链锁式、综合式三种。

辐射式引申是指从一个字的本义或引申义出发，朝不同方向引申出新义。这些新的引申义都和本义的不同方面发生紧密联系。例如，"节"本义为竹节，由此引申出木节、关节、节气、节操、节奏、节约等多个引申义。这多个引申义都是由本义"竹节"直接引申而来的，因此彼此都跟本义发生紧密的联系，存在着或近似或类似的联系。

链锁式引申是指一个字众多的引申义之间，具有明显不同的层次性。有的从本义直接引申出来，是本义派生出来的第一代引申义，与本义关系密切；有的是从第一代引申义派生出来的第二代引申义；有的是从第二代引申义派生出来的第三代引申义。这样一代一代派生出来的引申义，越往后，与本义的关系越疏远，意义与意义之间的联系就显得越隐蔽。例如：

饱：本义为吃足了，跟"饿"相对。——引申为足，充分，如饱和。——又引申为事物发展到的最高限度，如饱满。

门：本义是房屋里可以开关的、供进出的口，如铁门。——引申为各种建筑物和车船等可以出入的口，如校门。——又引申为形状或作用像门的东西，如球门。——再引申为办事或解决问题的门路及办法，如没门儿、窍门。

综合式引申综合了辐射式、链锁式两种引申方式。从下面"穷"字字义引申图中可以看到这种情况。

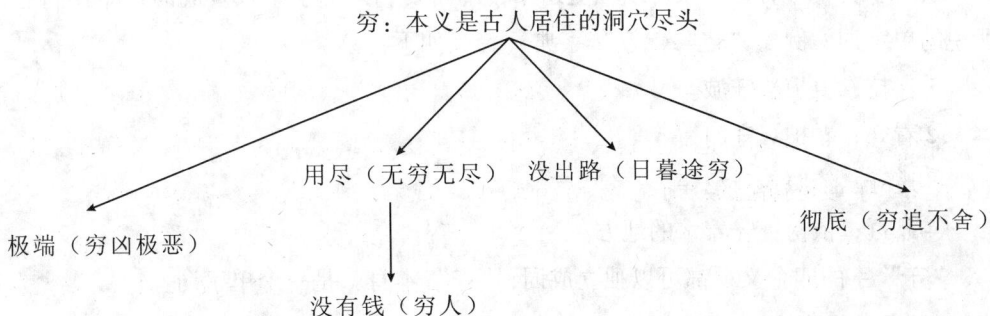

穷：本义是古人居住的洞穴尽头

极端（穷凶极恶）　　用尽（无穷无尽）　　没出路（日暮途穷）　　彻底（穷追不舍）

没有钱（穷人）

从上图可以看出，"极端"、"用尽"、"没出路"、"彻底"四个引申义是直接从本义引申出来的，是辐射式引申的结果，而"没有钱"是从第一代引申义"用尽"引申出来的，是一种链锁式引申。整个引申方式是综合式引申。

3. 假借义

用汉字记录本义和引申义，形、义联系是较为紧密的，是有迹可循的。但在汉字发展过程中，字形在记录与之音同音近词而形成的假借义时，形、义联系出现了脱节。

用一个汉字形体记录与之意义毫无联系的音同音近词时，这个字便成为借音字。现代汉语汉字的假借义来源于如下几种情况：

第一，六书造字法中的假借字记录的假借义。例如，"它"本义为蛇，后假借为代词；"而"本义为胡须，假借为连词；"其"本义为簸箕，假借为代词；"难"本义为鸟名，假借为困难之难；"要"本指人的腰部，现假借为要求之要；"然"本义为燃烧，现假借为代词。

第二，因同形或简化导致一形记多词，表多义，其中某些意义与形体毫无关系。例如，"谷"字本义是两山之间狭长而有出口的地带（特别是当中有水道的，如山谷），而"穀"字的本义是"庄稼和粮食的总称"，后来汉字简化，以"谷"代替"穀"，于是"谷"字在原来的意义上又增加了"庄稼和粮食的总称"这一意义，这一意义成为假借义。又如，"后"表皇后、君后，"後"表前后、后面，后来简化中同音合并，"后"兼有了"後"的意义，成为假借义。

（二）按多义字意义的独立程度划分

多义字的多个义项，按照其独立程度来区分，有的是可以独立成词的义项，有的是不能独立成词的语素义。

1. 成词义项

汉字字义中，有些义项可以独立运用，不需要和别的字组成合成词，即我们通常所说的单字词。例如"守"，《新华字典》释义如下：

①保持；卫护：守城。

②看守；看护：守门。

③遵守；依照：守纪律。

④靠近；依傍：守着水的地方。

"守"字的四个义项都可以独立成词，"守"本身就是一个单字词。

2. 不成词义项

汉字多个义项中，某些义项不能单独使用，而必须和别的语素结合组成合成词，这样的义项叫做不成词语素义，或者说是不成词义项。例如，"母"在《新华字典》

中的释义如下：

①母亲，妈妈，娘：母系。

②对女性长辈的称呼：姑母。

③事物所从产生出来的：母校。

"母"字的三个义项虽然常用，但都不能独立使用，必须和别的语素字组合成词语才能直接使用。

二、汉字字义的应用——别解和一语双关

一字多义是汉语汉字的一个显著特点。利用一字多义而造成语义双关，由此产生的别解是汉语汉字有趣的文化现象。灯谜、广告、脑筋急转弯游戏中都有利用汉字的一字多义性而形成别解的现象。

（一）灯谜中的别解

别解是谜语的生命，没有别解，就没有优秀的灯谜。有了别解，谜面才能"回互其辞，使人昏迷"。别解的方式很多，但最重要的方式就是利用汉字的多义性，使谜面和谜底中某些字词抛开原意，不按照常规的理解运用字词意义，而是通过合理的曲解达到制谜的目的。例如：

1. 伤口愈合。（打一经济名词）谜底：创收

2. 春节一日。（打一字）谜底：夫

3. 下头加点。（打一字）谜底：卞

4. 恻隐之心。（打一字）谜底：则

5. 水兵退伍。（打一工具书）谜底：辞海

6. 一会儿。（打一字）谜底：兀

7. 邮筒装满。（打一成语）谜底：难以置信

8. 安危抛脑后。（打一字）谜底：脆

这几则谜语或利用谜面某字的别解，或利用谜底的别解。如谜语1中谜底"创收"的本义是指"创造财富，增加收入"，此当将谜底的"创"别解作"创伤"，"收"别解作"收缩"。"伤口愈合"也就是创伤合拢长好了。谜语2中"节"不是节日之义，此表节省、减去之义，"春"节去"一"和"日"，剩下谜底"夫"。总之，谜语中的别解，就是充分利用了汉字一字多义的特点。

（二）广告语中的一语双关

现代人在广告中也多利用汉字语素的多义性以造成一语双关、幽默别致的效果。

例如：

1. "口服心服"。（泉水广告词）

2. "不打不相识"。（打字机广告词）

3. "一切事情，从头做起。"（美发露广告词）

4. "一呼四应！"（音响公司广告）

5. "无所不包！"（某饺子铺广告）

6. "白手起家！"（某石灰厂广告）

7. "一贴见效！"（东方止血膏）

8. "双脚不再生气。"（达克宁霜广告）

9. "防晒也得从头开始。"（艾丽素牌防晒霜广告）

10. "六书传四海，一刻值千金。"（刻字店广告）

这几则广告比较典型地运用了汉字语素的多义性。"口服心服"作为成语，它的意义是"心里嘴里都佩服"。两个"服"都是"佩服"之义，而广告词的前一个"服"却是"服用、喝"之义，这样，广告词的意义就成了"喝了之后心里佩服或舒服"，造成一种言在此而意在彼的双解效果，令人回味。"不打不相识"原指经过交手、打架，各见本领，互相了解，结交更能投合。这里利用"打"字同形同音的谐音关系，用在打字机上，自然贴切，含蓄幽默。"从头做起"里的"头"本指"开始"，广告中还指"头发"，意在告诉我们美发对人的重要性。总之，广告用语利用一字多义的特性制作的广告词语义双关，极富艺术魅力。

（三）脑筋急转弯中的语义别解

脑筋急转弯是最早起源于古代印度的一种语言游戏。本来指当思维遇到特殊的阻碍时，要很快地离开习惯思路，从别的方面来思考问题。现在泛指一些不能用通常思路来回答的智力问答题。脑筋急转弯是一种娱乐方式，同时也是一种大众化的文字游戏。仔细考察脑筋急转弯的各种类型，可以看出大部分都是利用汉字一字多义造成别解。如"小宝黑夜里碰到了鬼，可为啥没搏斗对方就跑了？"答案是"胆小鬼"。这个脑筋急转弯就是利用"鬼"的多义性造成别解，"鬼"单用时一般做成词义，表示人死后的灵魂，而在"小气鬼"、"吸血鬼"中"鬼"的含义是对人的蔑称或憎称。又如：

1. 什么人没病也天天去看病？答案：医生

2. 什么样的蛋千万别买？答案：坏蛋

3. 什么样的火消防队扑不灭？答案：怒火

4. 什么饼最硬？答案：铁饼

5. 什么海大得无边？答案：苦海无边

6. 胖妞生病住院了，亲朋好友来看她，她最怕大家说一句什么话？答案：多多保重

7. 什么药在任何药店买不到？答案：后悔药

8. 开什么车费力但不用油？答案：开夜车

9. 冬瓜、黄瓜、西瓜、南瓜都能吃，什么瓜不能吃？答案：傻瓜

10. 你能做，我能做，大家都能做；一个人能做，两个人不能一起做。这是做什么？答案：做梦

汉字字义的多义性，是汉字使用和教学中的重要特点，由于字的多义性，一字组多词的现象就十分普遍了。

快乐驿站十三

你祖我孙，我孙你祖

甲和乙素不相识，两人初次见面，互问姓名。甲先问："您贵姓？"

乙答道："免贵，姓孙。请问您贵姓？"

甲连连说："不敢，不敢。"

乙说："问君姓，君为啥如此谦虚？"

甲还是一个劲地说："不敢。"

乙再三询问，甲便说："实在抱歉，敝姓祖。"

乙恍然大悟，明白为何甲迟迟不肯说出自己的姓氏，断定甲故意用姓来讨便宜，便说："这有什么关系呢？你祖我孙，我孙你祖罢了。"

甲听罢，气急无言。

第二节　字形与字义

汉字是表意文字，形体与意义有着天然而又紧密的联系。古代汉字中，形体通过象形、指事、会意、形声几种构造法来表示意义。现代汉字中，我们已经很难用象形、指事等六书来分析形体和意义的关系。通过考察现代汉字，可以发现现代汉字字形与字义的关系有如下几种：

第一，表意字整个字形或多个表意偏旁表示意义。现代汉字中的独体表意字和合体表意字，以整个字形或几个表意偏旁来表示意义。例如我们前面提到的"凹"、"凸"、"伞"、"丫"、"田"等字，就是以整个字形来表示意义的，类似于古代的象形字。合体表意字相当于六书中的会意字，这类字用两个或多个表意偏旁表示意义。例如：

伐　甲骨文从戈从人，表示以戈刃砍人的头，本义是砍杀，现表示攻打，与本义存在密切的联系。

男　甲骨文从田从力，力象耒形，表示用力在田间耕作的人。本义为男子，现代汉字同。

妇　甲骨文从女持帚，表示从事家务劳动，持箕帚的女性。本义为妇女，现代汉字同。

从　甲骨文从二人相随，本义是听从，现代依然保留该语素义。

第二，现代的形声字或意音字通过表意偏旁表意，也即通过意符表意。这是现代汉字中字形表示意义的重要方面。表意偏旁只表示与汉字意义的有某种关系，如范围、种属、材料、工具等。因此，我们可以说，汉字形旁只是在读准了字音的条件下，对字义给予一定的提示作用。有的形旁与汉字字义的分类有关系，即形旁代表的意义表示了汉字字义所指示事物的类别，"梅"、"狼"、"蚊"、"铁"、"氧"等字中的形旁"木、犬、虫、金、气"分别提示了所组成的汉字的字义类别。有的形旁与字义有直接的联系，即形旁所代表的意义与字义存在相关性，让人一看就能明白，如"沉"、"扔"、"抓"、"杖"等字中，形旁与字义存在某种相关性，"沉"一般在水里（意符水），"扔"一般用手扔（意符是提手旁），"抓"一般是用手抓（意符是提手旁），"杖"一般是木头做的（意符是木），"坟"是用土堆成的（意符是土）。有的形旁与字义有间接的联系，这种联系不像前例那么直接，能让人一下子就产生联想，它需要经过一些提示，如"冷"、"满"、"坟"、"粒"等字，其中"冷"的原因有多种，但是有冰（意符两点水即古代的冰字）就会觉得冷；很多东西都可以"满"，但水杯里的水满了给人印象深刻（意符是三点水）；"粒"有很多，最常见的是米粒（意符为米）。有的形旁与所构汉字有近似相等的关系，如"馥"、"肌"、"黛"、"骸"、"辉"等字中的形旁"香、月（肉）、黑、骨、光"的意义与所组成的字义基本相同，但这一类型的汉字数量较少。

第三，形声字声旁示义。古代的形声字声旁具有示源功能，能够显示形声字所记录词的源义素，而形旁大多只能显示该形声字所表词的义类。声旁表示所构字的源义素其实就是形声字声旁表意的具体体现，过去文字学界用"右文说"来概括声旁示义，但长期以来学界对"右文说"多持批判态度，后来又提出"声符兼意"、"声符表意"、"会意兼形声（亦声）"、"形声兼会意"等。形声字的声旁具有示义功能，这主要是指形声字中以源字作声旁，另外添加形旁的后起分化字，而这恰恰是形声字产生的主要途径。例如，取与娶，"取"的本义是打猎或战争中割掉猎物或敌人左耳，以此作为"获取"的标记，引申为"获取"、"得到"，后引申为"娶妻"，《诗经》中"取妻如之何"即用源字"取"，后为了明确这一引申义，在源字的基础上加女旁造"娶"来表示娶妻的意义，"娶"字的声旁"取"无疑具有示源表意的功能。又如"加"，《说文·力部》："加，语相增加也，从力口。"后引申为表增加，一系列以"加"为声旁的字如驾、贺、架等都含有"增加"的义素，但这一源义素的意义是隐性而不是显性的，学习者很难从《现代汉语词典》等工具书的词条释义中领会出来。可见，声旁示义不如形旁表意直接，且情况比较复杂，不是每个声旁都具有表意功能。王力先生的《同源字典》① 和曾昭聪先生的《形声字声符示源功能述论》② 对此有专门的探讨。

一、现代常用汉字形旁表意概况

形旁和声旁都具有表意功能，这在古代汉字中是毋庸置疑的事实，但汉字发展到今天，形体和意义的变化都非常大，随着汉字形体的简化，形旁的表意功能和声旁的示源功能不同程度地受到影响，其中尤其是声旁的示源功能因其复杂性、隐蔽性而很难在现代汉字教学中加以利用，这就是我们在教学中较多关注形旁表意，而较少关注声旁示源功能的重要原因。

现代常用汉字形旁是否依然具有较强的表意功能，具体表现如何？近年来，学界对该问题进行了较为全面、科学的统计与调查，考察了现代常用汉字中形旁的表意状况。施正宇③考察了 3 500 个常用字中的 2 522 个形声字，得出形旁 167 个，形声字的有效表意率为 83%（含直接表意率和间接表意率），形符不表意的仅占 17%，并详细分析了现代常用汉字中形旁表意的特点。李蕊④考察了《高等学校外国留学生汉语教

① 王力. 同源字典. 北京：商务印书馆，1982.
② 曾昭聪. 形声字声符示源功能述论. 合肥：黄山书社，2002.
③ 施正宇. 现代形声字形符表义功能分析. 语言文字应用，1992（4）.
④ 李蕊. 对外汉语教学中的形声字表义状况分析. 语言文字应用，2005（2）.

学大纲（长期进修）》中的形声字并对此进行了封闭性的数字统计，统计出 1 789 个形声字，在此基础上从形声字的等级、形旁的表意度、形旁的位置、形旁是否成字、形旁等级以及形旁构字数等各个角度，分析了形旁的表意状况及其与整字的各种关系，提出了对外汉字教学中有关形声字教学的若干建议。

现代汉字形旁具有一定的表意功能，其特点如下：

第一，形旁表意具有较强的概括性。根据形旁可以推知常用汉字中形旁所标义类。例如：

囗（读韦）：韦字框，作形旁时可以表示和包围、环绕、圆圈等有关的事物。

巾：巾字旁，作形旁时可以表示和纺织品有关的事物。

山：山字旁，作形旁时可以表示和山、石、高大等有关的事物。

彳（读赤）：双人旁，作形旁时可以表示和走路、道路、距离、脚的动作或人的行为有关的事物。

口：口字旁，作形旁时可以表示和嘴巴、语言或嘴巴的动作有关的事物，还可以表示一些方形的其他东西。

彡（读山）：三撇儿，作形旁时可以表示和图画、形象、装饰有关的事物，有时又表示胡须。

夕：夕部，作形旁时可以表示和时间、夜晚或夜晚的活动有关的事物。

夂（读岁）：夂部，作形旁时可以表示和脚的动作有关的事物。和"止"旁相通。

广：广部，作形旁时可以表示和房屋等建筑物有关的事物，和"厂"、"宀"等旁相通。

门（門）：门字框，作形旁时可以表示和门、建筑或关闭有关的事物。

宀（读棉）：宝盖头，作形旁时可以表示和房屋或在屋里做事有关的事物。和"广"、"厂"旁相通。

辶（读绰）：走之底，作形旁时可以表示和行走、路程或脚的动作有关的事物。

尸：尸部、尸字头，作偏旁时可以表示和人体、尸体或人的行为动作有关的事物，有时又和房屋有关。

弓：弓字旁，作形旁时可以表示和弓有关的事物。

子（孑）：子部，作形旁时可以表示和孩子有关的事物。

屮（读彻）：屮部，作形旁时可以表示和草有关的事物。

女：女字旁，作形旁时可以表示和妇女、姓氏或美丽有关的事物，又因古代轻视妇女，所以有时表示不好的性情。

王（玉）：王字旁，作形旁时可以表示和玉石、玉器或加工玉器有关的事物。

第二，形旁所表之意义是字的"造意"而不是"实义"。"造意"是从字形中可以分析出来的意义，"实义"是文献中使用的意义。"造意"与字的本义联系密切。例如：

骤：《说文》："马疾步也，从马聚声。"形旁"马"与本义"马疾奔"具有紧密的联系，由本义再引申为奔驰、急疾、猛烈之义，后进一步引申为突然、屡次之义。

骗：《说文》无收。唐玄应《一切经音义》中引《子略》："骗，跃上马者也。"古代文献中有"骗上马"，即一跃而乘马之意，当是"骗"的本义，"马"旁与本义相关。后来表示欺骗，当与《说文》中的"谝"字相关，"谝，便巧言也，从言，扁声"。今天"骗"兴而"谝"废。

骑：《说文》："跨马也，从马，奇声。""骑"的意义古今无变化，形旁与字义联系直接。

骄：《说文》："马高六尺为骄，从马乔声。"本义与"马"旁有关。由本义自然引申为马雄健、雄壮，再引申为难驯服、骄傲、骄纵之意。现代常用字中已不用本义了，"马"旁所表之意与现代常用意义之间的联系较远。

驳：《说文》："毛色不纯，从马，爻声。"由古代马的毛色不纯引申为色彩错杂，引申义与形旁关系较远。

就单个汉字而言，形旁表意只能是意义类属，具有一定的抽象性和概括性。将含有同一形旁的汉字放在一起考察，我们就能发现其词义系统的多元性以及系统性。例如"金"字旁的字，《说文解字》里有 196 个，《新华字典》里有 291 个，所表意义有如下几类：

①金属元素或金属名称，如铂铅钙钠锂钡钛等。

②金属制品名称，如针钉钟钥钱钩等。

③金属性质或状态，如销铿锵锻镶等。

这三类意义共同构成了"金"字旁的意义类属。可见，形旁表意不是针对一个字而言，而是针对整个含有该偏旁的字族而言。

二、汉字教学中对形旁表意功能的应用

在现代常用汉字中，形声字数量不少，形旁作为表意的符号，具有提示意义的作

用，它能使读者产生联想，能帮助读者了解该字意义的大致范围，进而理解和掌握字义。李蕊[①]对《高等学校外国留学生汉语教学大纲（长期进修）》中的形声字进行了封闭性数字统计，认为汉字等级越高，形声字形旁表意的规则性越强；形旁位置的分布与总体没有太大的出入，只是到了高等汉字中，形旁在左和在下的比例比初、中等汉字的稍高；多数形声字的形旁可以作为独立的汉字或还原为独立的汉字，且这类形声字的比例在初、中、高三等中逐步增加；形旁的等级集中在初等，构字能力较强的形旁占少数，但这少数形旁却构成了大量的形声字，且表意度相当高，同时，表意度较高的形旁构字能力也比较强。

形旁在汉字教学中具有如下几个方面的特点：

第一，数量有限的几十个形旁构字数量庞大、意义相对明确，是偏旁教学中的重要内容。李蕊统计出大纲中构字数在 20 个以上的形旁共 24 个，列举如下：扌、氵、亻、忄、口、讠、木、纟、辶、艹、土、月、贝、女、火、日、钅、刂（刀）、足、疒、竹、禾、阝、衤。其中，"扌"在大纲中构成 163 个汉字。构字数 10 个以上 20 个以下的形旁有：犭、宀、目、石、页、车、力、攵、虫、广、马、米、彳、丬、王（玉）、酉、山、饣（食）、礻（示）、巾、穴。这些具有较强构字能力的形旁在汉字中位置较固定，便于识别与记忆。

第二，形旁别义是辨别同声旁同音字、音近字，形成正字法意识的有效途径。在汉字学习中，同声旁同音字的出错率最高，是造成同音别字的主要错误来源。同声旁字声旁相同、读音相同形近，形旁必定相异。利用形旁表意的特点可以为学习者领悟词义、辨析字形提供有利条件。例如"寒暄"的"暄"常误写为"喧闹"的"喧"，"风驰电掣"的"驰"常误写为"一张一弛"的"弛"，"巧舌如簧"的"簧"常误写为"装潢"的"潢"，"涣然冰释"的"涣"常误写为"容光焕发"的"焕"等。若仔细考察这些同音别字的形旁，就能根据形旁联系字义来辨别字形了。

形旁在汉字教学中的作用一直以来受到关注，但形旁表意对汉字书写往往带来负迁移。汉字书写中因形近形旁、义近形旁而造成的偏误是学生书写偏误中的重要方面。施正宇[②]指出拼音文字背景下的留学生汉字形符偏误主要有形似形符的替代、义近形符的替代、相关形符的替代等。其中形似形符的替代主要指形体相似度较高的形符之间的混同。例如，"丷"与"氵"，"口"、"日"与"目"，"日"与"曰"，"目"与"月"，"大""木"与"本"，"冖"与"宀"，"宀"与"穴"，"扌"与

---

① 李蕊. 对外汉语教学中的形声字表义状况分析. 语言文字应用，2005（2）.
② 施正宇. 外国留学生形符书写偏误分析. 北京大学学报．1999，（4）.

"牛（牛字旁）"，"小"与"⺌"，"贝"与"见"，"乌"与"鸟"，"土"与"士"，"忄"与"十（十字旁）"，"口"与"囗"（韦字框），"厂"与"广"，"广"与"疒"，"礻"与"衤"等。这些形旁构字能力强，相似度很高，有些可以和同一个声旁组成形声字，增加了辨别的难度，如晴—睛。此外，义近形符的替代是汉字形旁表意概括性在汉字学习中的负迁移，是汉字形旁表意特点的重要体现。如"口字旁"、"言字旁"都可以表示言语行为，因此学生将"呼"错写成"评"；"米"、"饣"都可表示食物，因此将"饼"错写成"粍"。相关形符的替代主要是学习者受词义的干扰，将词语的意义等同于汉字形旁之义，以词语意义错误类推至形旁，如学生写"牛奶"时，将"奶"写成"牦"，是误将词义迁移到汉字形旁上。

汉字书写中的形符书写错误，主要是指学生对形符表意内涵的把握不够准确，混淆了汉语的字词关系，不能很好地辨别形旁之义与成字偏旁的词汇义，将词汇义带入偏旁之义中，从而导致偏旁的误用和错误类推。施正宇认为学生混淆了作为语言单位的词与作为语言书写单位的汉字的界限，误将字所记录的词义甚至句义等同于形符的意义，并据以改写形符，将表示字义的形符当作汉语的表意单位。在现代汉语汉字使用中，由于学生对字、词关系理解上的偏差而产生的构字形符混淆是书写错误的重要原因。我们称这种由汉语的词义或短语、句子的语义环境对形符（包括声符）的书写产生的干扰作用为语词干扰。语词干扰作用下产生的错误书写是形符表意功能过度泛化的结果。

因此，在汉字教学中培养学生正确的形旁意识，培养学生学会利用意符提供的意义信息来理解掌握汉字字义，让学生真正达到"见形知义"，是汉字教学中偏旁教学法的重要内容。学会并正确使用这种方法，并不是一件容易的事情，必须从以下几个方面着手：

第一，要熟悉意符（字典、词典的部首大部分都可以充当意符，有200多个）的形体及其演变。例如，"火"字在古文字中是象形，象火焰上腾之形，合体字中，多作意符，如灯、炎、烟、焚、熄等字，而在煮、烈、热、煎、熬等字中，下面四点都是"火"的变体，也是意符。又如，现代汉字中有很多以"月"作偏旁的字，它主要由两个内容构成，一是月亮的"月"字本身，二是肉字作为合体字左旁时的变形（因为在小篆里"月"和"肉"字形相近）。用表示时间、光亮的"月"作意符的字有期、朝、望、明、朗、朦、胧、朔，用表示与肉体有关的"月"作意符的字有肝、肠、胃、脑、脚、骨、脂、肪等。还有些合体字中的"月"字是由"舟"字演变来的，只作一般的构字部件，如前、俞字中"月"原来都是"舟"。

第二，要熟悉常用意符和所构字的本义或基本义。"页"在现代汉字中是作量词的，而它的本义是头。在合体字中，用"页"作意符的字本义多与"头"有关，如顶、颅、项、额等字现在还能看出与意符"页"的关系，而另外一部分如题（本义是额头）、顾（本义是回头看）、硕（本指头大）、顿（本义是叩头）等字现在看来与"头"没有什么关系。

第三，要多查字典，验证自己根据意符、形符对字义判断推测的结果是否正确。虽然意符能提示字义，但意符表示的意义并不等于字义，多数时候只是一个大概类属。例如："蜘蛛"以"虫"作形旁，但形旁表示的只是字义的类属。"飞机"的"机"以"木"作形旁，字义跟"木"没有多大关系。因此，意符对字义只起参考提示的作用。

快乐驿站十四

苏小妹制谜

苏小妹与秦少游这一对才女才子结为夫妻后，两人除了吟诗作赋填词外，猜谜也是经常进行的闺房乐事。

一天，小妹对少游说："为妻做了一则字谜，您可愿一猜？"少游一听，兴致勃勃地说："快快说来。"苏小妹抿着嘴笑道："倘若猜不出，可要到门外罚站啊！"接着苏小妹说出谜面："两日齐相投，四山环一周，两王住一国，一口吞四口。"

秦少游从早上猜到傍晚，还没猜出谜底，不由得打心眼里佩服妻子的才华，但也暗暗叫起苦来。如果到晚上仍猜不出，可要吃"闭门羹"了，这可如何是好呢？忽然，少游笑了，心想："对了，去求教妻兄苏轼，没有能难倒他的问题！新婚之夜，就多亏这位妻兄暗中相助，才免遭拒之于门外之苦。"想到此，少游快步向苏轼住所走去。此时苏轼正准备吃晚餐，见少游到，忙请他共进晚餐。少游正一门心思在猜谜上，哪里顾得上吃饭，赶忙说出相求之事。

苏轼一听，哈哈大笑："别急，先吃饭。愚兄再救你一次就是了。"随后命厨子赶做一盘"西湖醋鱼"。一会儿，鱼端了上来。苏轼用筷子将醋鱼的头和尾夹出，留下中段，笑着用筷子直指盘中："少游请看，这就是谜底。"少游顿时醒悟。聪明的读者，你能猜出谜底吗？

第三节　字词关系及应用

　　古代汉语中，"字"就是"词"，字义就是词义。随着社会的发展和表达的需要，单音字的多义性以及同音单音字的大量存在严重妨碍了表达和交流信息，于是大量的复音词尤其是双音式合成词产生了。在复音词中，字只是构成词语的一部分，字义也只是作为词义的一部分而存在。在华文教学中，我们既不能完全漠视汉语中的"生词熟字"现象，也不能单靠字义来"望文生义"。下面这则《"娘"和"妈"》的笑话正好反映了汉字字义和词义的关系：

　　从前有个年轻小伙子喜欢一个姑娘，就给她写了一封情书。但由于小伙子粗心，不小心把"亲爱的姑娘"写成了"亲爱的姑妈"。姑娘看后非常生气，就回信道：

　　姑娘成姑妈，算你眼睛瞎。

　　若我嫁给你，丑死我全家。

　　小伙子收到回信后仍不甘心，回信道：

　　妈就是娘，娘就是妈。

　　姑娘既不错，姑妈哪会差。

　　"娘"和"妈"独立成词时，意义是相近的，但作为构词的语素义并不相同，这就是为什么"娘"和"妈"同义，而"姑娘"和"姑妈"意义却完全不同。

一、字与词

　　在西方语言学理论中，"字"只是语言的书写工具，字母文字中词与词之间有明显的间隔，实行分词书写，因此"字"与"词"界限分明。汉语中的汉字则不然，它不但是汉语的书写单位，同时也是汉语的构成单位，汉语没有分词书写的习惯，"字"、"词"界限较为错综复杂。关于"字"与"词"，语言学家们都曾有过精辟的论述。吕叔湘先生指出："印欧语里现成的单位是词，而汉语里现成的单位是字。"[1]赵元任先生1975年指出："汉语是不计词的，至少直到最近还是如此。在中国人的观念中，'字'是中心主题。'字'这个名称和'word'这个词在英语中的角色相当。

---

　　[1]　吕叔湘. 语文常谈. 北京：三联书店，1981.

也就是说，说英语的人谈到 word 的大多数场合，说汉语的人说到的是字。"① 王力先生也指出："汉语基本上是以字为单位的，不是以词为单位的。"② 众多语言学家提出汉语中"字"的重要性，突出强调汉字不同于西方表音文字在功能上的独特性。

事实上，现代汉语不同于古代汉语，古代汉语以单音词为主，一个音节对应一个汉字，一个汉字对应一个词，字、词、音节的关系是一一对应的。现代汉语中主要是复音词，尤其是双音节的复音词，字、词不再一一对应，字与词的关系变得复杂。由于字是汉语中天然的单位，所以中国人不存在辨别的困难，而"词"是从外国引进的语言学名词，对于大多数非语言专业的人来说，并不清楚其内涵与外延，中国人习惯说一句话几个字，而没有人说几个词。词是什么？曹炜《现代汉语词汇研究》列举了数十位学者的代表性观点，其中以吕叔湘先生的"语言的最小的独立运用的单位"最具代表性。③ 但这种定义只能通用于学术界，很难为一般的汉语使用者理解和接受。对于一般的华语使用者来说，在《现代汉语词典》等权威词典中能够检索到的，有词条和释义的就基本上可以看作是词语了。2010 年中华人民共和国教育部国家语言文字工作委员会发布的《汉语国际教育用音节汉字词汇等级划分》收录音节 1 110 个，汉字 3 000 个，词汇 11 092 个，这一数字直观地说明了现代汉语中音节、汉字、词汇之间的复杂关系。例如"爱"字，在表中为初级汉字，构成了一级词汇"爱"、"爱好"、"爱情"、"爱人"、"爱心"、"热爱"，二级词汇"爱护"、"爱国"，三级词汇"爱不释手"、"爱理不理"、"爱面子"共 11 个词，其中单音词 1 个，双音词 7 个，三音词 1 个，四音词 2 个。可见，在现代汉语词汇中，字与词并不能一一对应。

要了解现代汉语中的音节、字、词关系，必须从现代汉语的词语构成方式以及不同词语的出现频率和比重来观察。首先，从词语的构成方式来看，有如下类别：

1. 单音词和多音词

从构成词的汉字多少来看，词可以分成单音词、双音词和多音词。只有一个音节的词叫单音词。由两个音节构成的词叫双音词。包含三个或三个以上音节的词叫多音词。音节和汉字大多数情况一一对应，只有在儿化音中，两个汉字对应一个音节，如花儿（huār）。见下表：

---

① 赵元任. 汉语词的概念及其结构和节奏. 赵元任. 语言学论文集. 北京：商务印书馆，2002.
② 周士琦. 实用解字组词词典·序. 上海：上海辞书出版社，1986.
③ 吕叔湘. 语法学习. 北京：中国青年出版社，1953. 2.

	词语	音节	汉字	词例
单音词	1	1	1	爱、打、好
双音词	1	2	2	喜欢、爱情
多音词	1	≥3	≥3	了不起、画蛇添足

2. 单纯词和合成词

从词的结构看，词可以分为单纯词和合成词。

（1）单纯词。

由一个语素构成的词叫单纯词。单纯词有以下几种类型：

A. 所有单音词都是单纯词。如好、坏、行、大、小。

B. 由同一音节重叠起来的词（也叫叠音词）。如爸爸、妈妈。

C. 由两个音节组成的词。这些词本身是一个整体，不能拆开用，不能分开讲，在古代叫做联绵词。如犹豫、蜘蛛、彷徨。

D. 拟声词。如咚咚、滴滴。

E. 音译外来词。如冰淇淋、巧克力、咖啡。

（2）合成词。

由两个或两个以上语素构成的词叫合成词。语素就是构成词语的最小意义单位，本身不能独立运用，只有和别的语素组合才能构成词语。合成词有以下几种构成方式：

a. 由一个基本成分和一个辅助成分构成的词，即词根加词缀构成的词。

辅助成分在前的。如：老师、第一。

辅助成分在后的。如：孩子、石头。

b. 由两个基本成分构成的词。即词根加词根构成的词。

并列式：前后两个语素的意义相同、相近或相反、相对。如：美丽、整齐。

偏正式：两个语素中一个是主体。如：热爱、雪白。

支配式：前面的语素表示动作，后面的语素是动作的对象。如：鼓掌、握手。

陈述式：前面的语素表示事物，后面的语素是陈述说明这一事物的。如：地震、冬至。

重叠式：把一个语素重叠起来，表示某种附加意义。如：家家、看看。

简略式：把名称简化或者省略词语构成的词。如：北大、青少年。

单纯词无论由多少音节、多少汉字构成，都是一个词，词、音节、汉字的关系是一对一或一对多的关系。合成词则比较复杂，一个词一般由两个以上的音节、汉字组成，是一对二或一对多的关系。具体如下表：

	词语	音节	汉字	例字
单纯词	1	1	1	好、坏、行
	1	2	2	爸爸、妈妈
	1	2	2	犹豫、蜘蛛
	1	2	2	咚咚、滴滴
	1	≥2	≥2	咖啡、巧克力
合成词	1	2	2	老师、孩子
	1	2	2	美丽、热爱
	1	3	3	联合国、留学生

现代汉语中的"字"、"词"关系不同于英语中的字母与词（word），汉字具有形体、读音和意义，本身就是词或是构成词语的一部分。所以我们学习汉字不仅仅是学习其书写形式，而且还要学习汉字的音和义。

二、字义与词义

对于单音节词来说，字义就是词义，如"爱"既是一个字，也是一个词，字义就是词义。对于双音节或多音节联绵词来说，字义和词义毫无关系，字只是记音单位，而不是表意单位，如"犹豫"、"浪漫"、"沙发"、"巧克力"等古代流传下来的联绵词和音译外来词。字义和词义存在紧密联系的主要是在一些双音节合成词或短语中。对此，王力先生就曾经说："要了解一个合成词的意义，单就这个词的整体去理解它还不够，还必须把这个词的构成部分（一般是两个字）拆开来分别揭示，然后合起来解释其整体，才算是真正彻底理解这个词的意义了。"[①] 我们选取《汉语国际教育用一级词汇》前50个词语中的33个多音节词作为考查对象，通过《现代汉语词典》中的标准释义来看字义和词义的关系，发现词典释义中都或多或少利用了字义（语素义）来解释词义。例如：

---

① 周士琦. 实用解字组词词典·序. 上海：上海辞书出版社，1986.

爱情：男女相爱的感情。

爱心：指关怀、爱护人的思想感情。

安静：①没有声音；没有吵闹和喧哗；病人需要～。②安稳平静：孩子睡得很～。｜过了几年～生活。

安排：①有条理、分先后地处理（事物）；安置（人员）：～工作｜～生活｜～他当统计员。②规划；改造：重新～家乡的山河。

白人：白色人种。

办法：处理事情或解决问题的方法。

办理：处理（事务）；承办。

办公室：①办公的屋子。②机关、学校、企业等单位内办理行政性事务的部门。规模大的称办公厅。

半天：①白天的一半：前～｜后～。②指相当长的一段时间；好久：等了～,他才来。

半夜：①一夜的一半：前～｜后～｜上～｜下～。②夜里十二点钟前后，也泛指深夜：深更～｜哥儿俩谈到～。

帮忙：（～儿）帮助别人做事，泛指在别人有困难的时候给予帮助。

保安：①保卫治安：加强～工作。②保护工人安全，防止在生产过程中发生人身事故：～规程｜～制度。

保存：使事物、性质、意义、作风等继续存在，不受损失或不发生变化。

合成词中的字义一般称为语素义。词典揭示合成词的意义，会采用分析语素的方式来解释词义。众所周知，大部分合成词中，多个语素构成的合成词词义与所构字义（即语素义）的联系是客观存在的。符淮青《现代汉语词汇》第九章"词义和构成词的语素义的关系"具体分析了合成词中词义和语素义的几种关系。归纳如下：

第一，相加关系。词义等于语素义之和。例如：

平分＝平均＋分配　尘垢＝灰尘＋污垢　备荒＝防备＋灾荒

第二，相同关系。词义和构成词语的语素义相同。例如：

哀伤＝哀＝伤　患难＝患＝难

第三，附加关系。词义等于语素义之和再加上暗含、补充、附加的意义。例如：

刻毒＝（说话）刻薄＋狠毒

根源＝（使事物产生的）根本＋原因

反话＝（故意说出）（与自己意思）相反的话

停职＝（暂时）解除＋职务（是一种处分）。

第四，引申比喻关系。词义是语素义的引申或比喻。例如：

铁窗＝安上铁栅的窗户，借指监狱。

这四种关系中，除了第四种，语素义和词义没有直接的联系外，其他三种语素义和词义都有着直接或间接的联系。

由于在合成词中字义和词义存在密切的联系，显性形式上含有同一个汉字组成的合成词，在隐性意义上有部分属于语素义相同的同素词，例如赞助、赞同、赞成三个字，含有同一个汉字"赞"，而"赞"在这三个词中都表帮助、支持义，属于同素词。

一般的词典在解释词语意义时，往往着重词语意义的整体解释，并不重点分析组成词语内部的语素义（字义）。或者由于词典以词头汉字来收取词语，含有同一语素字的词语往往分散在词典的不同词条中，因此读者很难将含有同一语素的词语联系起来学习和记忆。《现代汉语词典》是以解释现代词语意义为主要内容的权威语文工具书，虽然部分词语的释义或多或少会顾及关键语素义的解释，但由于这些同素词分布在词典的不同词条中，读者很难通过阅读释义来归纳语素字的意义，例如：

千载难逢：一千年里也难碰到一次。形容机会极其难得。

三年五载：三、五，表示大概数量；载，年。指多年。

一年半载：一年半年。泛指一段时间。

这三个词语中的"载"都表示年，但因三个词语分别归在"千"、"三"、"一"字头下，读者很难主动对汉字字义进行归纳和分析。与《现代汉语词典》不同的《新华字典》，主要以解释字义为主要内容，每个字头下分别罗列该字的不同义项并列举一定数量的词例，但《新华字典》收单字数量较多而常用词语量少。如"载 zǎi"字条下：

①年：一年半载。②记在书报上（连记载）：历史记载；登载；刊载；转载。

其中义项①下只列举一个词语，也很难让学习者通过查找字典来有效学习和理解其语素意义。可见，无论是偏重词语解释的《现代汉语词典》还是偏重汉字解释的《新华字典》都很难满足学习者对汉字词汇学习的需要。

20 世纪 80 年代，周士琦所著《实用解字组词词典》，王力在其序言中提到："汉语基本上是以字为单位的，不是以词为单位的。要了解一个合成词的意义，单就这个词的整体去理解它还不够，还必须把这个词的构成部分（一般是两个字）拆开来分别解释，然后合起来解释其整体，才算是真正彻底理解这个词的意义了。一般词典做不到这一点。"王力指出周士琦的《实用解字组词词典》就是适应这种需要而编辑起来的。"解字"就是解释单字，"组词"就是把两个（或更多）单字组合成一个单词或一个成语。人们写别字，常常是由于不理解合成词中单字的意义而造成的。例如，"揠苗助长"之所以往往被人写成"压苗助长"，就是因为他不懂"揠"字是"拔"的意思。把"揠"字的意思弄明白了，就不至于写成"压"字了。语言学家周祖谟在为其所作的序中指出：

汉语的语词是用单个的汉字来记录的。一个汉字有的是一个单词，有的只是构成合成词的语素。语素或称词素。不论是词，还是语素，都具有一定的语义。汉字本身就是语义的载体。不过，一个汉字不一定只有一个意义，一般的情况是有几个意义，这是汉语与汉字在长期历史发展的过程中形成的。在字义上有所谓本义、引申义、假借义之分。当它作为构成一些合成词的语素时，或取此义，或取彼义。在某一组合成词中，取其某一个意义，在另一组合成词中则取另外一个意义。纷繁之中，自有条理可寻。对某一个合成词来说，我们要了解其确切的含义，就不能不把其中每个语素的意义先理解清楚。这本词典是一部以解释汉语的单字义和单字作为语素时的意义为主的新型词典。其特色即在于把同一个语素组成的词依照语素义的不同分别叙列。例如"领"字在语词中有种种不同的意义。当衣领讲的，如领带、圆领、尖领；当要点讲的，如纲领、要领；当带领讲的，如领队、领航、统领、率领；当据有讲的，如领土、领域、领海、领属；当接受讲的，如领教、领情、拜领；当了解讲的，如领会、领略；当收取讲的，如领赏、冒领、认领；当领袖讲的，如首领、将领。本书编者经过细致的分析研究，确定出不同合成词中的语素义，以语素义为纲统领相关的语词，分别列举，读者很快可以掌握不同合成词的词义。其次，这本词典照顾到学习上的方便，编排了 7 000 个常用汉字和每个常用汉字所组成的常用的词语和成语，解释了约 40 000 个词语中的每个词素在词语中的含义。

后来这一字典改名为《实用释义组词词典》，于 2000 年在华文出版社重新修订出版。下面引用几则字例：

载
①年：千～难逢｜千～一时｜一年半～｜三年五～。②记录；刊登：记～｜登～｜刊～｜转～｜附～｜连～。另见 zài。

载
①用交通工具装运：～客｜～货｜～重｜装～｜运～｜满～｜超～｜过～｜车～斗量（liàng）｜满～而归。②充满：口碑～道｜荆棘（jí）～途｜怨声～道。③又；

且：～歌～舞。另见 zǎi。

现代汉语常用字，一方面是多义词，具有多个成词义或不成词语素义，另一方面，这些常用字也具有较强的构词能力。辨别和理解词语中每个单字的正确含义，一方面能更好地掌握和运用词语，例如："残兵败将"、"短兵相接"、"纸上谈兵"这三个成语中的"兵"字的含义都不相同，分别表示"战士、军队"、"兵器"、"军事、战争"三个义项，了解这些汉字字义有助于读者辨别、理解和正确运用这三个成语。另外，由于各个汉字下含有共同义项的都必将有一系列由字组成的词语，也可以通过字义来比较辨别而快速地掌握大量的词语。例如，前面有关"载"的三个成语，都含有"年"的含义，通过适当归纳和联系，理解和记忆的难度将大大降低。

三、"生词熟字说"在华文教学中的价值与局限性

字义和所构词语的词义存在紧密的联系，利用字义来理解和学习词义，这是"生词熟字说"的基本理论前提。"生词熟字说"是指汉字有义，凭义联合成新词，认识了字，遇到生词时，只要根据构成生词的那些熟悉的字就可以推断词义。"生词熟字说"具有符合汉语、汉字某些实际情况的一面，我们在使用和理解词语时，常用"顾名思义"来指代汉语词语内部的理据性，如老人、红旗、西瓜、黄豆、客车、飞机、手枪、电扇这些常见的合成词，字义和词义联系十分紧密。此外，对于一些新词语，虽然看到词语，一开始未必完全理解词义，但当知道词义后再来观察所构词语的语素义，就会有"豁然开朗"之感，从而对该词语产生深刻的印象。例如，现代社会的新词语"白骨精"，原是《西游记》中家喻户晓的人物形象，现代社会利用语素造词的方法，将其演变成"白领、骨干、精英"的代名词，专指那些拥有高学历、高收入、高层次的"三高女性"，这个新词语素义和词义的联系十分清楚。

常用汉字具有较强的构词能力，表现在汉语的一字多词和熟字生词。汉语教学中，通常使用以字串词的方式来学习新词语。长期以来，华文教学比较关注词汇教学，较少关注字义、语素义的教学，词汇教学和汉字教学效率低下。实际上，关注常用汉字的字义，重视词汇中语素义的教学，重视复合词中的汉字字义，不但有助于词语的学习和词语意义的理解，而且有助于一部分近义词的辨别，能减少词语书写中的同音别字问题。具体说来，有如下几个方面：

第一，有助于学生理解合成词和一些成语的意义，防止望文生义。例如，在现代汉语中，有不少词语的语素保留古义，这些古义都不是现代汉语的常用义，但却是构

词语素义。只有正确理解这些语素的意义，才能正确理解整个词的意义。例如，现代汉语中，"假"这一个语素的一个常用义就是"虚假、虚伪"，但在"狐假虎威"这个成语里，"假"保留了古义，是"借用、凭借"的意思。如果望文生义，把这个成语解释为"狐狸虚伪，老虎威严"，则是荒唐可笑的。

第二，有助于在汉字书写中减少同音别字。学生写别字是很普遍的问题。写别字的一个重要原因是不理解语素的真正含义，而不是某个字会不会写的问题，例如把"英雄辈出"的"辈"写作"倍"，把"川流不息"的"川"写作"穿"，把"颗粒归仓"的"颗"写作"棵"，把"刻苦"的"刻"写作"克"等，都是不了解这几个语素意义的缘故。如果在词语学习中，不但让学生知道这个词语的意义，而且还适当地指出词语中所含有的语素字的意义，就不会出现书写词语时张冠李戴的现象了。

第三，有助于理解含有不同语素字的近义词的意义差别。汉语中有丰富的同义词，但绝大部分同义词同中有异，而它们的细微差别主要体现在语素的不同上。如"请求—恳求"，"失望—绝望"，"成果—结果—后果"等，学生要辨析这些同义词，必须准确理解各个不同的语素字的意义。

"顾名思义"、"生词熟字说"只是利用汉字字义猜测所构词语意义的通俗说法，有极不科学的方面，它以偏概全，夸大事实，误解了字和词的概念，片面概括了字义和词义的复杂关系，片面宣传了词语望文生义的作用，对汉语教和学产生了不好的影响。[①] 离开语言环境和对汉语词汇的强烈语感，单纯利用字义来理解和猜测词义，命中率是不高的。然而，过度依赖字义来理解词义的"望文生义"现象却大量存在。这种现象尤其存在于汉英翻译中。例如，民国初，《上海西报》有一位外国记者，会讲一口流利的汉语，被称为"中国通"，不过一碰到一些中国成语或典故时，就"如坠五里雾中"。如翻译"胡适先生驰骋文坛"，竟成了："胡适先生经常在写字桌上跑马。"将"一诺千金"这个成语译成："只要一答应，就要付美金一千元。"将"连中三元"译成："三块大洋连在当中。"这位洋记者的翻译之所以闹笑话，就是因为过度依赖成语中的字义，望文生义。事实上，在学习新词语时，利用构成词语的语素义来学习和掌握新词语的词义，是有很大局限性的，其原因有如下几个方面：

1. 语义方面的原因

第一，汉字多义，当汉字作为构词语素组成新的合成词时，学习者难以确定在新词语中的构词语素。常用汉字多是多义字，其中一部分是成词义，更多的是不成词

---

① 范可育. 词义和构词语素义的关系. 语言文字应用, 1993（1）.

语素义。当汉字作为构词语素组成新的复合词时，学习者很难确定该复合词中的构词语素义具体是什么。例如成语"不刊之论"，"刊"的现代常用意义是"刊登"，所以这个成语容易被错误地理解为不能刊登的言论，而实际上此处的"刊"用了该字的本义，指削除刻错了的字，"不刊"即指不能更改。"屡试不爽"中的"爽"常被理解成常用义"痛快"，引申为"成功"，实际上使用的是古义"差错"，成语意思是经过多次试验都没有差错。容易误把"不爽"理解为"不成功"。由于汉字多义，学习者很难准确地判断新词中语素所使用的确切含义，因而容易从常用义的角度来理解词义，造成望文生义的错误。

第二，汉字作为构词语素义构成合成词时，词语内部构词语素义会适当调整以适应彼此，并不会将字典词典中的义项生搬硬套在词语中，有学者把这种现象叫做构词语素义对词义的应变性。例如"爱人"、"情人"、"恋人"、"敌人"等词语中的构词语素义"人"相同，但由于受到所构词语语素的影响，所指对象并不完全相同，"爱人"的"人"指妻子或丈夫，"情人"指除配偶外的同居者，"恋人"指恋爱双方，"敌人"指敌对的一方。可见，即便构词语素义相同，但在具体的词语中，相同语素的意义也会有细微的差异，影响到我们"顾名思义"的正确性。

第三，由于修辞的原因或者一些蕴涵特殊文化含义以及时尚文化背景的词语，构词语素义和词义相去甚远，很容易造成望文生义的笑话。例如"红娘"、"驸马"、"泰山（岳父的代称）"、"月老"、"巾帼"、"须眉"等，这些词语具有特殊的词源，词义与构词语素义的联系并不直接和紧密，很难"顾名思义"。又如新词语"山寨"原指筑有栅栏等防御工事的山庄，现在作为新词语则指依靠抄袭、模仿、恶搞等手段发展壮大起来，反权威、反主流且带有狂欢性、解构性、反智性以及后现代表征的亚文化的大众文化现象。

2. 构词法方面的原因

从词语的结构来看，汉语既有单纯词又有合成词，其中双音节单纯词构词的汉字只是记音，并不表意，字义和词义没有任何关系。而合成词中除了并列式、偏正式、支配式的构词方式的字义和词义关系紧密外，其他构词方式的字义和词义关系并不紧密，很难从字义来推测词义，例如，新词语中有一些比喻造词（"半糖夫妻、飞鱼族"等）、音译词（"谷歌、托业"等）、谐音造词（"白托、梨花体"等）、简缩造词（"博导、硕导、一本"等），这些词语很难通过构词语素义来推测词义。

此外，一些常用词语或成语中的构词语素还利用了特定的汉语语法现象，如古代汉语中的形容词用作名词的现象在现代汉语成语中就非常常见，如"一见如故"、"取长补短"等成语，其中"故"既不能理解成故意，也不能理解成老的、旧的，而是活用作名词，表示故友、老朋友。"长"、"短"也必须理解成名词"长处"、"短处"。除了形容词活用作名词，现代汉语词语或成语中还存在大量的名词作状语的现象，例如"火红"、"雪白"、"狼吞虎咽"、"抱头鼠窜"等，其中"火"、"雪"、"狼"、"虎"、"鼠"等语素，都必须理解成"像……一样"，而不能直接看作名词，如"火红"应该理解成像火一样红。学习者不能理解词语中这种特殊的语法现象，也很难据字义来推求词义。

综上所述，在学习词语中，无论是"顾名思义"还是"望文生义"，都说明利用字义来推测词义在词语学习中具有一定的价值，同时也存在较大的局限性。但构词语素义在巩固新词及理解词义时，确实能给学习者提供一定的提示和支持，是华文词汇学习可资利用的内容。

快乐驿站十五

"会"字新解

儿子：爸爸，简化字的"会"字怎么写？

父亲："人"字下面一个"云"字。

儿子：为什么？

父亲：开会的时候，别人怎么说你就怎么说，这叫"人云亦云"。

儿子：那"教训"的"训"字怎么写？

父亲：左边一个"言字旁"，右边一个"河川"的"川"。

儿子：难怪，你教训我的时候都是"信口开河"呀！

思考练习五

一、阅读下面一则笑话，想想笑话中的爸爸对成语的理解错在哪里？从中可以看出汉字字义的什么特点？

众寡悬殊

有个人，不学无术，可总爱在孩子们面前逞能。一天，他儿子放学回来在家做语文作业，当写到"众寡悬殊"时，不知道是什么意思，就去问爸爸。他爸爸一看，以教训的口吻训斥道："怎么搞的，都上中学了，这个词还不懂？那是形容旧社会穷人苦，许多寡妇活不下去了，只好悬梁自尽，这就叫'众寡悬殊'。以后呀，学习要多动脑筋。"

二、汉字一字多义在交际中往往可造成别解，这种别解是字谜、脑筋急转弯等形成的重要手段。具体分析下列几例中的别解，说说它们分别使用了什么意义。

（一）先生

甲：你可知道，人类先有男人还是先有女人？

乙：先有男人呗。

甲：根据什么？

乙：这都不知道，我们男人称先生，不就是一个铁证吗？

（二）脑筋急转弯

1. 打什么东西，不必花力气？答案：打瞌睡

2. 商店里买不到什么书？答案：遗书　秘书

3. 什么人始终不敢洗澡？答案：泥人

4. 不必花力气打的东西是什么？答案：哈欠

5. 什么报只印一份？答案：电报

6. 什么酒不能喝？答案：碘酒

7. 什么人生病从来不看医生？答案：盲人

8. 身份证掉了怎么办？答案：捡起来

9. 用什么拖地最干净？答案：用力

10. 什么牛不吃草？答案：蜗牛

三、下列新词语，请通过构词语素义猜测词语的意义。

1. 换客、掘客、拼客、晒客、印客

2. 车奴、房奴、节奴、墓奴、证奴

3. 装嫩族、陪拼族、捧车族、奔奔族、吊瓶族、合吃族、急婚族、赖校族、乐活族、慢活族、试药族、洋漂族

4. 独二代、富二代、官二代、星二代

四、在横线中写出下列成语画线字的特殊字义。

不知所措（　　　）　　　惨无人道（　　　）　　　大功告成（　　　）

包罗万象（　　）　　冲锋陷阵（　　）　　爱财如命（　　）

百折不挠（　　）　　背井离乡（　　）　　一片冰心（　　）

不苟言笑（　　）　　不谋而合（　　）　　不能自拔（　　）

不足为训（　　）　　穷途末路（　　）　　馋涎欲滴（　　）

五、由于一字多义，同样的汉字可以组成意义不同的同素逆序词语，例如上山—山上，上岸—岸上，上天—天上这三组同素词语，每一组前一个"上"作动词，后一个"上"作方位名词，这样就组成了同素逆序词语。请照此形式列举几组字义不同的同素逆序词语。

第六章　汉字的文化及应用

汉字记载文化，汉字本身就是文化。汉字以其形、音、义构筑了独特的汉字文化系统。这个汉字文化系统除了字形本身负载的构形文化信息以外，汉民族还在历史上形成以汉字字形为基础的特殊文化现象，如析字诗、析字对联、字谜等。

汉字教学中，将汉字看作一种有趣的文化因子，提高汉字教学的内涵和深度，拓展汉字教学的内容，是改善目前汉字教学枯燥、乏味、效率低下的有效方法之一。

第一节　汉字应用中的文化现象

汉字的形、音、义本身就蕴涵了丰富的文化因子，是记载汉文化的活化石。具体说来，汉字的古今形体以及构形方式提供了了解古代社会历史面貌的片段或缩影，汉字的读音、意义等诸多要素是形成和产生各种汉字游戏、汉字文化的基础。

一、汉字修辞文化

汉字不但是一种书写符号，她的形体特征也时时渗透到语言交际中，影响和创造汉语中新的交际方式，形成独特的修辞文化。曹石珠指出："汉字修辞是利用汉字的形体来增强语言表达效果的修辞现象，汉字修辞以汉字的形体为材料，一般不利用字义。"①

清代《镜花缘》第86回有这样一段：

玉儿道：就从我的姓名上说罢。有一家姓王，兄弟八个，求人替起名字，并求替起绰号，所起名字，还要形象不离本姓。一日，有人替他起道：

第一个名唤做王主，绰号叫做硬出头的王大。第二个名唤王玉，绰号叫做偷酒壶

---

① 曹石珠. 汉字修辞学. 西安：西安出版社，2004.9.

的王二。第三个名唤王三，绰号叫做没良心的王三。第四个名唤王丰，绰号叫做扛铁枪的王四。第五个名唤王五，绰号叫做硬拐弯的王五。第六个名唤王壬，绰号叫做歪脑袋的王六。第七个名唤王毛，绰号叫做弯尾巴的王七。第八个叫做王全，绰号叫做不成人的王八。

《镜花缘》中这一段起名的笑话，所起名字和绰号均不离字形。一个"王"字化成了"主"、"玉"、"三"、"丰"、"五"、"壬"、"毛"、"全"八个名。这八个名字字形上都与本姓"王"存在一定的关联。有意思的是，所起绰号又是对本姓"王"与名字字形差异的描述："主"为硬出头，"玉"为偷酒壶，"三"为没良心，"丰"为扛铁枪，"五"为硬拐弯，"壬"为歪脑袋，"毛"为弯尾巴，"全"为不成人。这就是有趣的汉字修辞文化。

汉字修辞主要利用汉字的离合、增笔、减笔、摹形等多种手段对汉字字形进行加工，然后运用于汉语交际中。如"心字头上一把刀（忍）"、"丘八（兵）"、"王字少一横——有点儿土"、"自大一点——念个臭"、"考字撅屁股——老起来了"、"止戈为武"、"白水真人"、"人言为信"等。汉字的这种修辞文化现象在文学作品和口头交际中时常见到。例如：

（1）张俊民道："胡子老倌，这事在你作法便了。做成了，少不得'言身寸'。"王胡子道："我那个要你谢……"（吴敬梓《儒林外史》）

（2）"这韩爱姐儿见敬济一去十数日不来，心中思想，挨一日似三秋，盼一夜如半夏，未免木边之目，田下之心。"（《金瓶梅》）

（3）第一我先得发个声明，我叫熊丙岚，可不是兰花的兰，是山上吹下来的风，上边一个"山"字，底下一个"风"字，可不是男人取了女人名，像扫帚星一样给你们大赵庄带来不顺气。（蒋子龙《燕赵悲歌》）

（4）只有小栓坐在里排桌前吃饭，大粒的汗，从额上滚下，夹袄也贴住了背心，两块肩胛骨高高凸起，印成一个阳文的"八"字。（鲁迅《药》）

上述例（1）、（2）、（3）中的"言身寸（谢）"、"木边之目，田下之心（相思）"、"山上吹下来的风（岚）"都是利用汉字可以离合的特点，"作者离，读者合"，通过言语交际中有意离合某个汉字来表达特定的含义，从而达到委婉含蓄的修辞效果。例（4）是通过对汉字"八"的摹形来达到修辞效果。

二、汉字游戏文化

自古至今，以汉字形、音、义为基础而创造的文字游戏比比皆是。大家比较熟知的有回文诗、神智体等。除了回文诗和神智体这两种文字游戏之外，析字对联以及字谜是古往今来最为人所熟悉的文字游戏。它们或利用汉字字形的可拆分性，或利用汉字的多义性等特征创制极富汉语特色的文字游戏形式。

（一）回文诗和神智体

回文诗最早发端于《璇玑图》，后梁简文帝、苏东坡、苏小妹、王安石等均作过回文诗。其中王安石的《泊雁》匠心独运，后人望尘莫及。全诗如下：

泊雁鸣深渚，收霞落晚川。

桥随风敛阵，楼映月底弦。

漠漠汀帆转，幽幽岸火然。

蘑危通细路，沟曲绕平田。

把上述八句诗倒过来读，音韵依然和谐，诗意清新优美，是典型的回文诗。回文诗这样一种文字游戏的创制，是跟汉字一字多义、一字多用的表意特点分不开的。因为汉字的一字多义，字与字组合成字组时，顺着读和倒着读形成不同的含义，例如上述诗中"收霞落晚川"顺着读"落"为谓语动词，倒着读"落"与"霞"组成名词短语"落霞"。

神智体源自宋苏轼所作《长亭诗》，是利用字形大小、笔画多少、位置正反、排列疏密等方法创作诗歌。神智体诗的创作离不开汉字字形的可拆分性以及汉字的多义性。例如：

长亭短景无人画，老大横拖瘦竹筇。

回首断云斜日暮，曲江倒蘸侧山峰。

（二）析字联

在对联创作中，将对联中的汉字形体分拆、合并、换位，巧妙地制作联语的一种方法叫析字对联。用拆拼法制作的联语，既要保持对联原有的对仗特点，又要受所拆拼字的形体结构的严格约束，因而成为对联中技巧性和艺术性要求甚高的一种形式。

它是随着拆字艺术在古诗中的应用而发展起来的，是析字与对联的巧妙结合。例如：

（1）二人土上坐；

　　一月日边明。

（2）品泉居喝了三口白水；

　　竹钟（鐘）寺迎来两个金童。

（3）要加盐，谢神童抽身出讨；

　　见了汤，吴学士倒口便吞。

（4）李宋二先生，木头木脚；

　　龚庞两小姐，龙首龙身。

（5）考老者三个土头；

　　弄琵琶五家王子。

（6）大丈夫半截人身；

　　朱先生三个牛首。

（7）四维罗，马果骡，罗上骡下罗骑骡；

　　八牛朱，犬者猪，朱后猪前朱赶猪。

（8）贾席珍失去珍珠宝贝，方为西席；

　　陈家颜割落耳朵颜面，才是东家。

（9）踢破磊桥三块石；

　　剪断出字两重山。

析字对联是对联中的一种，它既要符合普通对联格律对仗的要求，内容上又要利用汉字部件结构拆分离合的特点，因而独具特色。

第一，联语主要是字形的拆分组合，即联语字面意思就是对联中一个或几个字的部件结构的拆分说明，包括拆字或合字。拆字就是将一个或数个独立的汉字拆成若干个独立的汉字，并用所拆之字完成和表达一个完整的意思。例如："鸿是江边鸟；蚕为天下虫。""鸿"是由"江"、"鸟"二字组成，"蚕"是由"天"、"虫"二字组成，一是左右结构，一是上下结构。又如"冻雨洒窗，东二点西三点；分瓜切片，竖八刀横七刀"。上联联面是对"冻"和"洒"二字的拆分，拆分成"东二点西三点"；下联是对"分"和"切"的拆分，拆分成"竖八刀横七刀"。又如："此木为柴山山出，因火成烟夕夕多。"上联拆"柴"和"出"，下联拆"烟"和"多"。合字就是将两个或若干个汉字合成一个字，如"山山出"、"夕夕多"。利用拆分合成的内容再组成联语，要求内容合情合理，文意畅通。如："日在东，月在西，天上生成明字；女居左，子居右，世间配成好人。"上联将"日"、"月"合成"明"字，下联将"女"、"子"合成"好"字。又如："心口十思，思子思妻思父母；寸身言谢，谢天谢地谢君王。"上联"心口十"合成"思"，下联"寸身言"合成"谢"。另外，在析字联中，有时将拆字与合字用于同一联中，如："张长弓，骑奇马，单戈独战；嫁家女，孕乃子，生男曰甥。"上联"张"拆成"长弓"，"骑"拆成"奇马"，"单戈"合成"战（戰）"；下联"嫁"拆成"家女"，"孕"拆成"乃子"，"生男"合成"甥"。一般析字联多将所拆之字嵌入联内，使人一目了然。

第二，联语中的关键字除了是对汉字拆分的描述外，一般还隐含了某种主题意思，表达了某种思想和意境。例如，清朝乾隆年间，直隶学政吴省钦主持乡试，公然贪赃受贿，录取不才。落第生员中有一才子将"吴省钦"三字拆开，制成妙联："少目焉能评文字；欠金岂可望功名。"横批是："口大欺天。"通过拆分汉字制成联语，刻画了吴省钦贪赃枉法、徇私舞弊的丑恶面目。

第三，联语在格律对仗上要符合普通对联的要求。具体说来，就是上下联要求字数相同、句法相似、平仄协调、对仗工整。即在字字相对、平仄相对的基础上，还要注意词性相对。即名词对名词、动词对动词、数词对数词、副词对副词、形容词对形容词等。

因此，创制和应对析字联既需要有关于对联格律对仗的技巧，同时还需要掌握一些特殊的要求，即熟悉字的结构和组成，熟练掌握汉字的拆分技巧。可以说，析字对联是直接由汉字字形衍生出来的一种文字游戏。

除了析字对联利用汉字形体特征外，同旁联也充分利用了汉字字形可视性、表意性的特点。例如：

（1）荷花茎藕莲蓬苔，
　　　芙蓉芍药蕊芬芳。

（2）迎送远近通达道，
　　　进退迟速游逍遥。

（3）烟锁池塘柳，
　　　炮镇海城楼。

（4）泪滴湘江流满海，
　　　嗟叹嚎啕哽咽喉。

（5）宠宰宿寒家，家窗寂寞。
　　　客官寓官宦，富室宽容。

（1）、（2）、（4）、（5）联中上联、下联内各字的偏旁相同，而（3）中上下联对应的字偏旁相同。

（三）字谜

在汉语灯谜中，字谜是其中较为特殊的一类。它是以汉字为谜底，运用字的形、音、义特征来制作的谜语。既可以利用汉字字形结构关系、笔画关系制作字谜，也可以利用汉字读音的特点包括多音、同音来制作字谜，还可以综合利用汉字形、音、义的特点来制作字谜。因此，字谜的猜射不同于其他谜语的猜射，需要猜谜者熟悉汉字的形、音、义结构，熟悉离合、增损字形的方法。

字谜制作方法多样，既有利用汉字形体的可拆分性制作谜语，也有利用汉字同音、多音的特点制作谜语，还有利用汉字多义性形成别解制作谜语。但最常见的字谜还是利用汉字形体的可拆分性来编制谜语。常用适合汉字教学的字谜有如下几种：

1. 离损法

合体汉字字中有字，猜谜时从谜面某字（多为第一字）中去掉一些部件（笔画、偏旁、部首）后，所剩下的字就是谜底。例：俺家大人不在（打字一）。去掉"亻、大"后，就剩下"电"字，所以谜底是"电"字。如：

摘掉穷帽子，除掉穷根子。（打字一）　　谜底：八

擦去汗水。（打字一）　　谜底：干

如出一口。（打字一）　　谜底：女

早日腾飞。（打字一）　　谜底：十

尘土飞扬。（打字一）　　谜底：小

孙子丢了。（打字一）　　谜底：小

日环食。（打字一）　　谜底：一

扫除天下。（打字一）　　谜底：工

目空一切。（打字一）　　谜底：口

只差点点。（打字一）　　谜底：口

去掉一直。（打字一）　　谜底：云

没有鬼魂。（打字一）　　谜底：云

许而不言。（打字一）　　谜底：午

2. 组合法

组合法是指将谜面中有关的字或偏旁、部首、笔画等组合成一字，便得到谜底。谜面中往往有表示组合关系的词。例：生日聚会（打字一）。"聚会"是组合关系词，

"生"和"日"聚会在一起，便组成了谜底"星"字。如：

一会儿。（打字一） 谜底：兀

综合门市。（打字一） 谜底：闹

从一到十。（打字一） 谜底：坐

五人会合。（打字一） 谜底：伍

3. 半字法

在谜面上有"半"字出现，示意字形的取舍。猜射时应将谜面上的有关字各取一半来组合成谜底。它是离合法的一种特殊现象，但比一般的离合法字谜简单些，因为它的成谜方法有比较明显的提示。例：说对一半（打字一）。"说"字和"对"字都是左右结构字，要将两字各取一半来组成一个字，我们以"说"字为甲，"对"字为乙，其组合的可能模式有8种，但只有"讠"和"寸"组成的"讨"字才对。如：

半边天。（打字一） 谜底：达

要一半，扔一半。（打字一） 谜底：奶

半导体。（打字一） 谜底：付

半对半对，凑成一对。（打字一） 谜底：双

需要一半，留下一半。（打字一） 谜底：雷

4. 方位法

谜面中的方位词（上、下、左、右、首、尾、前、后、东、南、西、北、里、外、中、中央、心、内等）往往是表示一个字的某一部分。如谜面中说"花前"，不是说什么花儿的前面，它的谜意是指取"花"字的前面部首"艹"；说"国外"，要理解成取"国"字的外框"囗"；说"国内"就要理解为取"国"字内部部件"玉"字。例：请字开头，谢字结尾（打字一）。这个谜是利用日常用语和富有人生哲理的语言来迷惑猜谜人，使人产生对人生的思考定势来干扰对谜面的分析。如果识破制谜者的用意，就会很快猜出这个谜的谜底"讨"。方位谜是较为常见的字谜之一。如：

享乐在后。（打字一） 谜底：孙

界首。（打字一） 谜底：田

重心。（打字一） 谜底：日

里头。（打字一） 谜底：日

眼前。（打字一） 谜底：目

脚心。（打字一） 谜底：去

日中。（打字一） 谜底：一

点头。（打字一）　　　谜底：占

周末。（打字一）　　　谜底：口

灭顶。（打字一）　　　谜底：一

5. 包含法

汉字字中包含有字，往往几个不同的字中包含有同一个字。包含法字谜就是在谜面的几个字中包含了一个相同的字，这个字就是谜底。这样的谜语在谜面每句话的前面，会有"个个有份"、"都有它"、"能找到"、"某某中有，某某中无"之类的提示语。例：瞪眼瞧瞧，哪个都不少（打字一）。这个谜的障眼机制就是，看到这句话，人脑中形成"一个人站到一群人前，瞪大了眼睛，一个人一个人地去观察，看谁不在人群中"，如果一个猜谜的人大脑中产生这样一个物像并自觉地进行想象的全过程，那么猜谜者就正中制谜人的圈套，特别是在许多人一起抢猜时，就会失去宝贵的抢答时间。猜这种谜关键是在观察中学会概括，找出共同点。"瞪眼瞧瞧"四字共有的偏旁是"目"，所以谜底就是"目"。如：

提倡晚婚，个个有份。（打字一）　　　谜底：日

藏在垃圾堆里。（打字一）　　　谜底：土

登台高唱富裕歌。（打字一）　　　谜底：口

加劲劳动，个个有份。（打字一）　　　谜底：力

6. 调整法

将字的笔画结构或位置方向等进行变化调整以求谜底的方法，或移动某一字的笔画部件使它变成另一个字，或将谜面某几个字的部件相互渗透组合得到谜底，或对一些字转动变位甚至翻一面来看从而推出谜底。这类字谜的谜面常常带有"调、动、变、化、易、改、倒、转、翻"等提示调整的词。例：主动一点。（打字一）。按照惯常思维模式理解谜面是"主动/一点"，这个命令语的意思就是你应该主动些；如果思维模式变成"主/动一点"，同样是个命令语，但意思就是说"主"字去掉一点，这样就很容易理解这个谜的谜底是"王"字或"玉"字了。如：

改变图形。（打字一）　　谜底：咚

另有变动。（打字一）　　谜底：加

由上转下。（打字一）　　谜底：甲

7. 会意法

以谜面的字义扣合谜底字的拆解义，即将谜底分拆成两个或三个部件，将这些部件按一定顺序连贯成文。例：思想不集中。（打字一）。将谜底"岔"拆开是"分

心"，正是谜面"思想不集中"的意思。如：

算命先生。（打字一）　　谜底：仆

万物之灵。（打字一）　　谜底：仞

自传。（打字一）　　　　谜底：记

宝中宝。（打字一）　　　谜底：玉

宝岛姑娘。（打字一）　　谜底：始

你我他。（打字一）　　　谜底：仨

辽阔无边。（打字一）　　谜底：庆

从字谜的制作方法来看，常见的制谜方法有十多种，构成了特殊的思维方法，同时，在猜谜过程中，出谜者并没有说明每一个谜是用哪种方法制作的，并且在一个谜语中也可能同时运用两种以上的谜法，所以猜字谜需要有丰富的联想和想象能力。字谜已经成为开拓思维、培养联想和推理能力的一种高雅的文字游戏。汉字教学中，适当利用字谜训练学生对汉字形、音、义的分析、理解能力，是提高汉字教学效率、培养学生汉字学习兴趣的有效方法之一。

三、取名用字文化

在中国人的取名用字中，不但要考虑字义、字音等元素，字形也是重要的考虑范围。字形作为组成名字的基本元素，虽然不像字义和声音那么重要，但如果在取名时不注意字形的搭配，也会使名字缺乏美感，不能算是一个完美的名字。此外，中国人还特别利用汉字字形的构造特点来取名，形成一些在字形上有特殊技巧的名字。主要有如下几个方面：

第一，利用五行相生的思想来取名，名字字形往往有代表五行的偏旁或整字。五行相生的顺序是木、火、土、金、水。木生火、火生土、土生金、金生水、水生木。传统的五行相生在古代父子命名中表现明显。唐朝开始，就有用五行相生的顺序来给家族几代人取名的，一般取有金、木、水、火、土偏旁的字为名，一家人代代相承。父亲取木字旁的字，儿子就取火字旁的字，孙子就取土字旁的字。例如，宋代大理学家朱熹的"熹"字就属"火"字旁的字，他的两个儿子一个叫朱塾（野的异体字）、一个叫朱在，都从"土"字旁，孙子名不见史册，无从稽考，曾孙叫朱浚，几代人名字五行相生的顺序非常明显。大奸臣秦桧之"桧"从"木"字旁，儿子叫秦熹，从"火"字旁，孙子叫秦埙，从"土"字旁，一看就知其祖孙辈分。现代人较少采用五行相生的方式来给几代人命名，但为求五行调和，常取金、木、水、火、土加于名字，以此补救生辰八字中五行的欠缺。如名字"鑫"一定缺金，"淼"一定缺水，"森"一定缺木，"焱"一定缺火等。还有的将五行字作偏旁置于名字中，如名字中带木字旁的、金字旁的、水字旁的、火字旁的字，有可能就是因五行需要而在字形上体现出来。

第二，利用汉字字形结构的层次性，取名时姓或名之间利用字形的离合关系来命名。这一类型有如下几种情况①：

（1）名为姓的增文，即以姓的形体作为名的一部分，如林森、魏巍、林梵、李季等，给人一种视觉的冲击感。用这种方法取名多为单名，且受到姓氏用字构字能力的局限，不是每个姓都适合使用这种方法，通常情况下，独体字姓比较喜欢使用这种方法，如"王"姓，王匡、王玉、王珏、王瑾、王琼等。

（2）名为姓的分文，即拆分姓氏用字的部件作为名字用字。如著名文学家老舍原名舒舍予、漫画家雷雨田、音乐家聂耳等。还有如张长弓、林双木、杨木易、林木等都属于这种情况。

（3）姓名同旁法。汉字中同旁字特别多，在取名时，使用同旁字往往也给人以较强的视觉冲击力。如刘松柏、谭婵娟等。

（4）加字成名法，即利用汉字部件的构字能力，将姓加上名字第一个字成为名字的第二个字。例如白水泉、田力男、林木森、文武斌等。

第三，利用生僻字、异体字特殊的字形文化来命名。汉字字形以形取义，中国人取名不但要求字义能体现取名者的美好期望，而且也希望字形本身就能反映某种含义，因此取名中为了选取具有特殊字形文化的汉字，不惜选用生僻字和异体字。如"犇"、"喆"、"甦"、"堃"、"昇"等。近年来，人名用字中出现了一个新的生僻字——"赟"，读 yun，本来就含美好之义，受到人们喜欢的更重要原因就是字形所体现的从文、从武又有贝的文化信息。

取名用字使用生僻字、异体字，一方面反映了取名求新、求异、求雅的思想倾向，另一方面也因为这些字的字形本身所赋予的文化信息备受大众喜爱。此外，取名中还需要注意所用字笔画繁简的搭配、字形结构的搭配等。这都是汉字字形文化在取名中的体现。潘文国《实用命名艺术手册》和萧遥天的《中国人名的研究》对此有详细的介绍，可资参考。

---

① 萧遥天. 中国人名的研究. 北京：新世界出版社，2007.

快乐驿站十六

讽刺联

从前有座寺庙，寺里和尚仗势欺人，将寺庙周围的土地霸为庙产。一秀才不满，便假装到寺里烧香，和尚见来者是位读书人，便向他索求一对联，秀才也不推辞，挥手写下：

香残日落了却凡心一点，

炉中火尽须把意马牢拴。

和尚很是得意，以为对联是夸奖自己，立即命人将对联贴于庙门。不出数日，香客云集，都聚集在庙门前指指点点，和尚一问才知被秀才戏耍，对联不但不是赞扬之词，反而咒骂自己，和尚恼羞成怒，忙叫人撕下对联，但为时已晚，此联已在百姓中广为流传了。聪明的读者，你知道这副对联为何有咒骂之意吗？请从析字对联的角度分析。

（改编自《语文知识》2002 年第 4 期）

第二节　字形文化及其应用

汉字是表意文字，造字之初，形体和意义之间的联系往往是先民生活、观念的反映。因此，个体汉字中字形负载和传递了除词义之外的文化信息功能，这就是汉字的字形文化。字形中蕴涵的信息从不同侧面或直接或间接地反映着先民的思想观念、心理特征和文化习俗。这种信息是汉字形体与意义联系的纽带，是阐释字形的理据，俗称字理。因为汉字有字理，教学中适当的字理阐释有助于学生更深刻地理解形义之间的联系，从而有效记忆和使用汉字。

在汉字文化研究中，专门以汉字字形为研究对象来探讨和发掘汉字构形信息中的文化功能，我们称之为汉字字形文化。汉字字形及其创制方法"从不同侧面或直接或间接地沟通着先民的思想观念、心理特征、社会习俗等一系列社会文化内涵"①。例如：

长：甲骨文 𦥔。字形描述长发之形，表示长者之"长"。"长"为何取象长长的

---

① 李圃．甲骨文文字学．上海：学林出版社，1995．

头发，有其历史文化原因。头发在古代正如《孝经》所言，"身体发肤，受之父母，不敢毁伤"。可见，古人除非犯罪，否则是不会随便剃掉自己的头发的。头发长长既是孝道的象征，也是长寿、年长者的标志。因此用长长的头发来表示年长之"长"也就在情理之中了。

赤：甲骨文，会意字，从大从火。"赤"表示红色而形体取象于火，可见，用"赤"来表示的红，是火红，与和丝织品关系密切的"红"字所表示的颜色存在一定的差异。

嫁：《说文解字·女部》："嫁，女适人也，从女家声。"《白虎通义·嫁娶》："嫁者，家也。妇人外成以出适人为家。"有学者还指出"嫁"与"贾"同源通用，反映了古代买卖婚姻，女方处于被动、从属地位的文化习俗。与此相对的"娶"为形声兼会意字，其声旁"取"反映了抢婚制的余绪。

何九盈先生等主编的《中国汉字文化大观》前言中说："汉字文化学是一门以汉字为核心的多边缘交叉学科。尽管研究工作还有待于深入，但这门学科的总任务已非常明确。一是阐明汉字作为一个符号系统、信息系统，它自身所具有的文化意义；二是探讨汉字与中国文化的关系。也就是从汉字入手研究中国文化，从文化学的角度研究汉字。"字形文化只是汉字文化的一部分。我们认为，与汉字教学关系密切的汉字字形文化包括字源文化、构形文化和书写文化等各种以汉字字形为中心的文化现象，是汉字教学中不可或缺的组成部分。

一、字源文化

汉字字形文化研究是通过汉字形体而追溯其在组构过程中所蕴涵的古代文化信息，因此字源文化就是其重要的部分。研究字源文化需要利用古汉字，尤其是甲骨文；研究字源文化也需要利用古代文献，尤其是像《说文解字》这样以解释汉字构造理据为主要内容的文献。探求字源文化，需要注意如下几点：

第一，从保留了构形基本要素的字形，尤其是从古代字形入手来挖掘字源文化信息。隶变以来，汉字形体符号化特征明显，因此要考察汉字的字源信息，往往需要从古代文字尤其是甲骨文、金文字形着手。例如：

弃：甲骨文，字形为手持簸箕，簸箕内装一新生婴儿之形，表示丢弃，有学者认为字与其原本的形反映了古代先民弃子习俗。

斗：现代为多音多义字，表示搏斗的"斗"繁体写作"鬥"，甲骨文作 𣪊，表示两人徒手搏斗之形。现代简化字与其原本的形体意义关系严重脱节。

弄：甲骨文作 𢏿 金文作 弄，《甲骨文字典》解释说："像于岩穴中两手持玉之形。"这一字形应该是远古先民采玉之形的反映。中国上古玉文化极为发达，其采掘规模之大、雕刻工艺之美堪称世界之最。发达的玉文化也衍生出一大批从玉的字。

第二，从汉字本义而不是引申义或假借义来考察汉字的构形文化信息。字源信息是汉字造字之初形体与所标意义之间的理据，因此，造字之意是理解汉字构形信息的主要依据。例如：

叟：本义表示搜查，后写作"搜"。甲骨文 �，字形为屋内手持火把，表搜寻之义。古代先民穴居生活，洞穴光线甚弱，"叟"正反映出古人这一生活面貌。后假借为表示老头的"叟"，形义联系严重脱节。

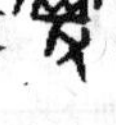

耐：本为剃去胡须。篆文作 耏，从而从寸，"而"为胡须之象形，"寸"表手。古代男子崇尚蓄须留发，并以此为美，且中国人认为身体须发受之于父母，不敢损伤，保留须发完好就成为"孝"的具体表现之一，由此，割掉胡须便成为刑罚的一种。今表忍耐、禁得住等义，形义关系脱节。

相："相"的本义为仔细看。《说文解字》："相，省视也。"甲骨文作 𣏟，从木从目，会意字，像用一只眼睛看一根木头。木匠刨木头时，常将木条的一端放到眼前，眯上一只眼，瞄一瞄木条边棱，看看是否平直，这是木工的常见动作。

第三，字源所反映的文化信息需要得到文献、民俗、语言等多方面的证明才具有一定的说服力。汉字形体具有表意性，但形体的表意功能是不完善的。一般说来，一个汉字形体到底具有何种表意功能，蕴涵了何种文化信息，需要求证于文献、民俗、语言等多种信息，才能得到比较可靠的结论。例如：

兄："兄"既是一种亲属称谓，又可称呼年长于自己的男性。甲骨文作 兄，描摹了一个张着大嘴仰面向天的形象。这一形象就反映出宗族制下兄作为祭祀祝祷者的形象，从侧面体现出兄在家族中作为家族之主的地位。商代有"兄终弟及"，周代有嫡长子继承制，祭祀是家族中的头等大事，只有"兄"才有资格作为主祭者代表家族望天祷告。"祝"甲骨文作 祝，描摹了"兄"在"示"前望天祷告之形。可见，只有

结合文献、民俗、语言等多方面信息才有可能真正挖掘出字形的文化信息。

香："香"指一般的气味。甲骨文作 ，从禾从甘，会意字，原指谷物所散发出来的芬芳香气，进一步指植物的芬芳馨香之气。唐代皮日休《橡媪叹》："山前有熟稻，紫穗袭人香。"诗中所指就是谷物的香气。

二、构形文化

"六书"是汉字构形的基本法则，也是理解汉字形体构造的钥匙。六书中的象形、指事造字法在现代汉字形体中已难觅踪迹，却成为汉字平面设计中的重要素材，会意、形声不但是汉字构形的重要方式，也是现代汉字以形会意的重要体现。现代汉字中的构形文化主要体现在如下几个方面：

第一，汉字平面设计中充分运用汉字构形文化。六书中的象形是平面设计中常用的元素。利用汉字象形性的特点，将现代汉字中符号性的笔画借助古代象形字以形会意的特点还原出与汉字形义联系紧密的图画，通过图画式的古代汉字字形来表达意义信息，提高艺术感染力，是现代平面设计常见的方法之一。如图6-1、图6-2所示：

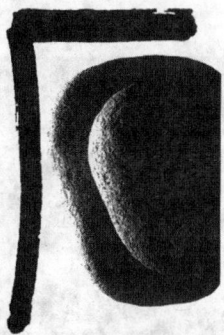

图6-1 汉字主题设计"石"①

图6-2 汉字主题设计"马"

图6-1中的"石"利用象形性的小篆字""并结合图画来表现。图6-2中的"马"直接利用小篆""，只是在线条上加以夸张与适当的变形。汉字设计中不但利用象形，而且还利用会意、形声等多种汉字构形元素来组构、创造汉字视觉艺

① 曹方. 当代设计家的汉字艺术. 合肥：安徽美术出版社，2001.

术。如图 6-3、图 6-4 所示：

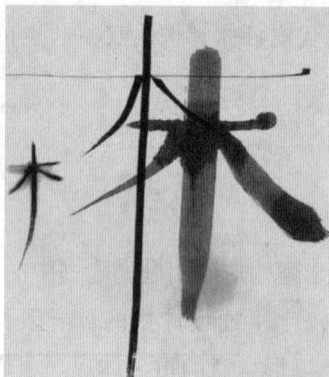

图 6-3 汉字招贴设计"木"

图 6-4 汉字招贴设计"设计"

图 6-3 由三个或大或小、或粗或细的"木"构成，传达出独木不成林、保护环境的意识。图 6-4 利用形声字"设计"共用形旁"言"的特点，将"言"的笔画用夸张的线条和五彩的颜色体现强烈的现代设计感。此外，利用汉字形体部件、笔画的共用性来进行创造也是平面设计中常见的方法。如图 6-5、图 6-6 的设计。

图 6-5 "去毒得寿"的招贴广告

上岗(石才华)

图 6-6 "上岗"的招贴广告

第二，现代流俗文字学中的字理说解充分利用汉字构形文化，赋予汉字构件以意义信息，并对形体构造给予文化的说解。"六书"是汉字构造的总结，也是汉字以形会意的方法。现代汉字中保留的"六书"信息主要体现在一部分会意字和形声字上，对字理的解释也主要是集中在会意字和形声字上。而流俗文字学对字理的解释不是严格意义上的文字学阐释，而是打破六书汉字构造模式，将所有合体汉字看作是会意字，赋予每一个构件以意义信息，在解析过程中，杂糅一点文字学、文化学、日常经验背景，然后打通当时字形与当时字义的关系。例如，将"城"说成"用泥'土'堆积而'成'的"，将"愁"说成"秋天来临，落叶纷飞，人们的心情因秋天的临近而显得悲愁"，将"讼"说成"言之于公也"。这种流俗文字学的字理阐释虽然没有严格按照六书构造来说解字理，但也是汉字构形文化的一部分。宋代王安石的《字说》是这方面的典型代表，他的"分贝为贫"、"讼者言之于公"等汉字字理阐释影响深远，但他的"波者水之皮"等将形声字强作会意字的说解也成为千古笑话。

三、字形文化在汉字教学中的作用

汉字形体文化是汉字文化中的重要内容。对汉字形体文化进行研究并适当引进汉字教学中，将大大促进汉字教学和汉字学习的效果，增加汉字教学的知识性和趣味性。

字形文化中的字源文化相关内容能够帮助学生更加深入地理解汉字形体的表意性，沟通现代汉字形体与现代常用意义之间的关系。字源文化实质上就是造字时的构意信息，也解释了汉字字形如何及为何表达所记录词义。在教学某一个汉字时，应当注意恰当引进形体文化的信息，从而帮助学生理解形体和意义的隐含联系。如"葬"字从草字头，记载了远古时期的丧葬习俗，而现代形体和意义关系较疏远，若能了解字形中反映的古代丧葬习俗，学生就能很快记住这个形体复杂的汉字了。字源文化的相关内容还有助于汉字教学中对一些形近字的辨别和解析。如"礻"、"衤"，学生容易弄错，通过分析两个偏旁及所构字的文化意义，学生就能够清楚地辨别"礻"所构字的鬼神祭祀意义，"衤"所构字的服饰文化意义。字源文化亦能够丰富汉字教学和汉字学习的内容，使单调的识字教学变得生动有趣，让学生感受到一个个方块汉字不再是机械呆板的笔画线条，而是蕴涵了丰富知识的文化信息载体。这将大大提高汉字教学尤其是留学生汉字教学的趣味性和吸引力。

此外，字形中的构形文化有助于汉字教学中对不同类型汉字采取不同的教学方法。对于汉字理据尚存的现代汉字，在教学中可以采用字理教学法，适当分析汉字的构造理据，让学生知其然并知其所以然。对于字理已经不太清楚的汉字，可以借助流俗文字学的通俗说解，帮助学生记忆汉字。张德鑫[1]认为借助汉字文化和汉字学研究中的积极成果，包括当代一些独辟蹊径的最新研究，如安子介的"劈文切字"中的合理解析，都可以使对外汉字教学化难为易，增强教学情趣和效果；于又兰[2]通过调查伦敦和巴黎两所大学的学生，了解到他们对汉字教学的期待，其中一项就是学生希望能够从字形中编故事来帮助记忆汉字，如将"喝"说成"左边的口表示喝水，右边是白天人坐在屋子里的椅子上"。但在汉字教学中利用流俗文字学的字理讲解汉字，作用是有限的。有学者就主张，因基础阶段的汉字教学时间有限，所以要给学生最必要的信息，进行一些必要的字源分析时，要"信而有征"，不主张望文生义地图解汉字。[3]

总之，汉字的字形本身就具有独特的文化价值，是我们使用汉字、学习汉字的重要内容。

快乐驿站十七

唇枪舌剑

姚某与李某在茶亭相遇，交谈颇融洽。李问姚曰："请教贵姓？"

姚曰："姓姚。"

李曰："可是不祥之'兆'字，旁边是一男盗女娼的'女'字？"

姚听其语，亦转问之，答以姓"李"。

姚应声曰："可是棺木之'木'字头，下头绝子绝孙之'子'字耶？"

第三节　汉字艺术及其应用

汉字不但是记载语言的符号，更是一种有着几千年历史的艺术形式。汉字本身就是艺术，古代的甲骨文、金文、小篆等古文字形，本身就是具有极高艺术价值的艺术形式，但在当时，古文字的实用价值大于其艺术价值。春秋战国时期兴起的鸟虫书、

① 张德鑫．关于汉字文化研究与汉字教学的几点思考．世界汉语教学，1999（1）．

② 于又兰．谈第二语言的汉字教学．语言教学与研究，1999（7）．

③ 石定果．汉字研究与对外汉字教学．语言教学与研究，1997（1）．

秦汉时期的篆刻以及后代书法家创作的纯书法艺术作品，使得汉字的艺术价值得到了极大的发挥。

一、鸟虫书

鸟虫书亦称"虫书"、"鸟虫篆"，属于金文里的一种特殊美术字体。春秋中后期至战国时代盛行于吴、越、楚、蔡、徐、宋等南方诸国。鸟虫书亦分鸟书和虫书，鸟书亦称鸟篆，笔画作鸟形，即文字与鸟形融为一体，或在字旁与字的上下附加鸟形作装饰，多见于兵器，如越王勾践剑铭，如图 6 - 7、图 6 - 8 所示。虫书笔画故作蜿蜒盘曲之状，中部鼓起，首尾出尖，长脚下垂，犹如虫类身体之弯曲，如春秋晚期楚王子午鼎铭，吴王子干戈铭亦是鸟书与虫书。鸟书与虫书都是以篆书为基础演变而成的一种美术字体。

图 6 - 7 越王勾践剑

图 6 - 8 越王勾践剑铭

研究鸟虫书的古文字学家，最早的当是容庚《鸟书考》[1]、马承源《鸟虫书论稿》[2] 与曹锦炎《鸟虫书通考》[3]。鸟虫书主要见于一些青铜器之铭文，尤以兵器为多。后来这种类似美术字体的文字则很少出现在实用领域，而发展为一种纯欣赏性的艺术字体了。现代一些民间艺术字或变体美术字在创造上对鸟虫书都有或多或少的借

---

① 容庚. 鸟书考. 中山大学学报，1964（1）.
② 马承源. 鸟虫书论稿. 古文字研究（第 10 辑）. 北京：中华书局，1983.
③ 曹锦炎. 鸟虫书通考. 上海：上海书画出版社，1999.

鉴与继承。

二、篆刻

篆刻主要指历代雕刻于玺印上的文字，是一门与书法密切结合的传统艺术，是艺术性和实用性的完美结合，迄今已有两三千年的历史。2009 年，篆刻艺术和中国的剪纸艺术一道入选"人类非物质文化遗产代表作名录"。

玺印兴起于战国时代，起初所刻文字为六国古文，秦汉至魏晋南北朝为小篆；隋唐以后多隶书、楷书。历代篆刻名家辈出，清代吴昌硕以及后来的齐白石都是篆刻中的大家。

在内容上，篆刻主要是个人、机构之名号，少部分为吉祥用语或古诗文。如篆刻大师齐白石所篆刻的自用印"白石"、"白石印记"、"木居士记"、"大匠之门"等，都是私名印，兼具实用性和艺术性。如图 6 - 9、图 6 - 10、图 6 - 11、图 6 - 12所示：①

图 6 - 9　　　　图 6 - 10　　　　　图 6 - 11　　　　　图 6 - 12

除了自己的私名印外，齐白石还为梁启超、张学良、蒋介石、陈果夫、周作人、梅兰芳、徐悲鸿等社会名流篆刻了私名印。此外，齐白石篆刻了大量的非私名印，主要是古典诗词及常用词句，如"叹浮名堪一笑"（图 6 - 13）、"两耳唯于世事聋"（图 6 - 14）等，其创作目的已经纯艺术性了。

---

① 以下篆刻作品均选自《齐白石全集》第八卷（篆刻）。

图 6 – 13

图 6 – 14

在创作技术上，篆刻艺术是书法、章法、刀法三者完美的结合，一方印中，既有豪壮飘逸的书法笔意，又有优美悦目的绘画构图，并且兼得刀法生动的雕刻神韵，可称得上"方寸之间，气象万千"，是汉字艺术中的重要内容。

三、书法

中国书法是以汉字为表现对象的线条造型艺术，因此，它的产生和发展与汉字有着极为密切的联系。同样，在以汉字为中心的艺术形式中，书法也是历史最悠久、成果最辉煌的艺术形式。自汉字产生之日起，随着各种形式书写实践的开展，书法艺术便开始萌芽、发展直至成熟进而衰败。

从书法发展史的角度来看，先秦和秦代是文字演进的早期，是古文字阶段的形成和发展时期，这个时期的书法是以书体的演进为主线，是实用为主、审美为辅的书法发展阶段。汉代末年以来，随着隶书等今文字逐步成熟，艺术的书法和实用的书写出现较大程度的剥离，一大批不同风格流派的书法家相继涌现，将中国书法艺术推向高峰。王镛主编的《中国书法简史》对此有较全面的介绍。我们讲书法，较多注意汉代以来的名家和名篇。历代有名的书法家书法名篇不胜枚举，约略介绍如下：

秦汉
李斯　张芝　蔡邕　石门颂　乙瑛碑　曹全碑　张迁碑等
魏晋南北朝
王羲之　王献之　钟繇　皇象　张猛龙碑等

隋唐五代

张旭　颜真卿　欧阳询　虞世南　褚遂良　薛稷　孙过庭　李阳冰　贺知章　怀素　李邕　智永　柳公权等

宋辽金

苏轼　黄庭坚　米芾　蔡襄　赵佶　蔡京　朱熹　欧阳修　李建中等

元代

赵孟頫等

明代

董其昌　祝允明　文徵明　陈淳　唐寅　解缙等

清代

吴昌硕　邓石如　赵之谦　姚鼐　何绍基　翁同龢　沈曾植　吴大徵　汪士慎　曾国藩　梁启超　康有为等

近、现代与当代

李叔同　毛泽东　郭沫若　于右任　赵朴初　沙孟海　启功等

在众多的书法家中王羲之最负盛名，是一位史所公认的书圣，曾历任宁远将军、江州刺史，后为会稽内史，领右将军，人称"王右军"。其代表作品有楷书《黄庭经》、《乐毅论》，草书《十七帖》，行书《姨母帖》、《快雪时晴帖》、《丧乱帖》等，尤以《兰亭集序》而获"天下第一行书"之美誉，为后代书法家和喜爱书法的人们所景仰。唐代颜真卿在书法史上是继"二王"（王羲之、王献之父子）之后成就最高、影响最大的书法家，他的楷书方严正大、朴拙雄浑、端庄雄伟、气势开张，自成一种大气磅礴的"颜体"而独步天下。

历代书法家，风格各异，异彩纷呈。发展至今，被老百姓谈论以及学习最多的主要是以下几大书家及作品：王羲之的《兰亭集序》，颜真卿的《颜勤礼碑》，柳公权的《神策军碑》，欧阳询的《九成宫醴泉铭》，赵孟頫的《洛神赋卷》。其中就楷书而言，唐代欧阳询的欧体、颜真卿的颜体、柳公权的柳体以及元代赵孟頫的赵体，并称四大楷体。

随着印刷技术的普及以及电脑输入技术的发展，汉字书写被电脑输入代替，汉字书写和书法领域不断萎缩。具体表现在：一方面大众对日常书写过分侧重实用功能而忽略其审美功能，另一方面大众将书法定位为纯艺术的创作而将其神秘化，因此只是小众文化而无法普及到日常书写中。这两方面都制约了书法艺术的发展和提高。因此，从某种角度来说，汉字的书法艺术永远也无法开创另一个艺术高峰了，汉字书写也越来越趋向技术性而非艺术性了。汉字教学中，传统书写模式及其产生的独特书写文化是汉字书写教学的基础。汉字书写工具、书写姿势、运笔姿势、笔画形态、结构布局、部件的形变规律等都是汉字书写文化的重要组成部分。此外，汉字书写中独特的审美需求也是汉字书写文化的重要组成部分，如在汉字书写中要求横平竖直，撇捺要展开并大抵相平，笔画与笔画之间间隔要均衡，部件之间距离要匀称，重心平稳等。汉字书写文化是培养汉字学习者德育情操的重要方面，如何利用传统书法书写经验提高现代书写教学的效率是目前迫切需要研究的重要课题。

四、美术字

美术字是经过加工、美化、装饰而成的文字，是一种运用装饰手法美化文字的书写艺术，是艺术加工的实用字体，一般用于横幅标语、黑板报、墙报、会场布置、展览会，以及商品包装和装潢、各类广告、报刊杂志和书籍的装帧。

美术字和书法不同，书法讲究意境、个性，而美术字讲究整齐、统一、实用，不追求个性，容易复制。在创作上，书法讲究一气呵成，美术字讲究精雕细刻。在书写工具上，书法主要用毛笔、钢笔等普通书写工具，书写介质一般是宣纸、稿纸，装裱后陈列展示；美术字用工笔、彩笔、规尺，一般用于牌匾的较多。在用途上，书法历史悠久，有着丰富的文化内涵，是我们民族土生土长的文化艺术，主要用于艺术鉴赏、收藏；而美术字开端于近现代，是受西风东渐影响的产物，主要应用于商业、政务的广告、告示。

美术字既具有实用性，又具有装饰性。根据所使用的字体类型，可以分为宋体美术字、黑体美术字、变体美术字三大类型。

1. 宋体美术字

宋体美术字又叫老宋体，是由印刷楷体字发展而来，是对楷书笔画的规范、统一、装饰、加工。一般用于公告、法规及一些庄重的书写内容，其笔画特点可以用顺口溜来概括：点如瓜子撇似刀，钩似鹅头捺如扫，口字上下多一段，横尾有山弯带角。整字横细竖粗。此外，还有一种仿宋体，是模仿宋板书的一种字体，字身略长，粗细均匀，起落笔有笔顿，横笔向右上方倾斜，剑锋加长。适用于注释、说明、小标题及硬笔书法。具体见图 6-15、图 6-16：

图 6 – 15　宋体　　　　　　　　　　　图 6 – 16　仿宋体

综合老宋和仿宋的特点而形成的长宋则兼具二者的优点，比老宋长，横竖粗细接近，既庄重大方又活泼秀丽，一般用于标语、会场、书籍杂志、商品装潢、黑板报等。

2. 黑体美术字

黑体美术字，字体较粗，方黑一块，横竖粗细一致，方头方尾，所以也称"方体"，适用于标题、标语等。结构严谨，笔画单纯，是最适合美术字初学者练习的字体。如图 6 – 17 所示：

百花齐放
推陈出新

图 6 – 17　黑体美术字

3. 变体美术字

变体美术字的种类繁多，有象形的、变形的、立体的、阴影的，还有将书法艺术稍加变化的。例如"永久"自行车标志可以把"永"的撇和"久"的捺改为自行车的两个圆轮。如图 6 – 18 所示：

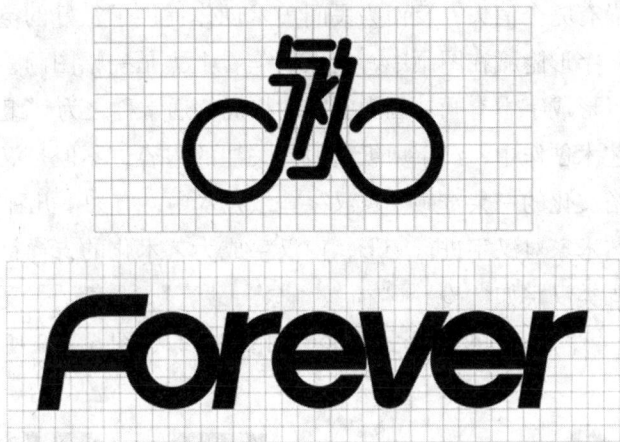

图6-18　"永久"自行车标志

　　变体美术字由于创造性强、艺术个性突出而受到大众喜爱，例如网络上一些变体美术字就很有意思，如图6-19、图6-20、图6-21所示：

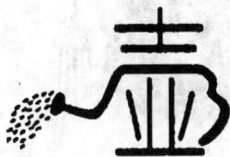

Hu

图6-19

Zeng

图6-20

Hua Cao

图6-21

　　变体美术字是在宋体字、黑体字的基础上发展起来的一种多变化的字体，其变化的方法大致有改变笔画、改变字形、改变结构、象形、立体等几种，是现代平面设计中常用技巧。

　　美术字兼具实用性和艺术性。民间美术字创造不乏高手，其作品和风格值得关注。2011年方正字库与粉笔字奇人催显仁合作，购买了催显仁苦练了10年的美术字，拟将其开发为方正独家字库"方正显仁字体"，而这种字体就是具有艺术个性的美术字体。

五、汉字剪纸

　　现代汉字由古代汉字发展而来，其字形虽然已经演变为抽象的笔画，但汉字以形取象的特质不但没有完全消失，反而为民间美术创作提供了很好的空间。这种民间汉字艺术创作往往将字形隐藏在图画中，使人们乍看上去是一幅图画，细看局部才发现有文字隐藏其间，形成字中有画、画中有字的格局，通常称之为"组字成画"。

在民间汉字艺术创作中，汉字剪纸是值得关注的内容，不但是汉字文化的重要方面，也是中国民俗文化的一朵奇葩。在汉字剪纸艺术中，有如下几种方法①：

第一，民间艺术家对汉字进行变形，使汉字成为艺术化的吉祥符号。这类汉字剪纸主要是一些祈福类汉字如"寿"、"福"、"禄"、"喜"、"春"、"夏"、"秋"、"冬"等。其中"寿"、"喜"字的变化形式最多，如图6-22、图6-23所示：

图6-22　寿

图6-23　双喜

这种剪纸乍看像图画，仔细看仍能清晰辨别汉字的特征，真正达到了字中有画、画中有字的效果。图6-22"寿"字写成了代表长寿的仙鹤形象。图6-23"喜"的部分笔画和部件被体现主题的图画代替，形象地体现了婚庆的主题。

第二，字中套画，以汉字字形为轮廓，在字中嵌套各种主题的图画。例如"福"字在剪纸艺术中，往往将"金鱼"置于"田字框"内，寓意金玉满堂。"喜"字的下部也往往嵌套新郎新娘图画。如图6-24、图6-25所示：

① 李曙.浅析民间剪纸中的汉字艺术.美与时代，2009（10）.

图 6 – 24　福

图 6 – 25　双喜

　　第三，组字画式。汉字剪纸中，还有一种是利用几个字的字形，通过笔画的变形组合成一定的形象，而所组合的形象又与汉字所表示的主题相切合。如现代剪纸"喜气满堂"贴饰，此剪纸为"喜气满堂"四字组成的茶壶形状，以"喜"字之"士"作壶盖，"堂"字之"土"作壶底，"气"作壶柄，"满"字三点水作流状，构思巧妙，布局得当，笔画疏密粗细有致，造型圆润。如图 6 – 26 所示：

图 6 – 26　剪纸"喜气满堂"

　　此外，一些常用语也被用于剪纸艺术中，通过组字成画创造出独特的艺术形象。

如图 6 - 27、图 6 - 28、图 6 - 29、图 6 - 30 所示①：

长 命 百 岁

图 6 - 27

健康长寿

图 6 - 28

雄鹰翱翔

图 6 - 29

美丽的姑娘

图 6 - 30

这些汉字剪纸运用汉字笔画，通过一定的夸张变形构成图画，具有较高的艺术性。

在汉字剪纸中，利用几个汉字的共同部件巧妙排列、互相借用，使用古代"合书体"的形式，也是剪纸艺术的常见表现方式。如图 6 - 31 所示：

图 6 - 31

---

① 以上图片均引自火星网，http://www.hxsd.com/。

除了汉字剪纸艺术，在民间各种艺术形式里，汉字都是重要的表现内容和艺术载体。

快乐驿站十八

皇帝练字

唐太宗李世民是我国封建社会的一位帝王，他常常在处理政事外的空闲时间里潜心练习书法。当时，被誉为初唐四大书法家之一的虞世南就在宫中任职，由于他精通古今，文章书法下笔如神，因而唐太宗一向很尊敬他，也经常临摹学习虞世南的书法。

在练习书法的过程中，唐太宗深深感到虞世南字体中"戈"字最难写，不容易写出其中的神韵。有一次，他练习"戬"，因怕写不好有失体面，使得各位大臣看他笑话，于是便故意将"戈"字空着不写，而私下请虞世南代为填补。唐太宗为了显示自己在书法方面有所进步，便拿着几幅作品请谏议大夫魏征观看，并征求魏征的意见说："你看朕的字是否像虞世南学士的字？"魏征恭恭敬敬地仔细看了一遍，始终含笑不语。这时，唐太宗有些焦急地问他："是像还是不像，你怎么不说话？"魏征连忙说道："臣不敢妄加评论陛下的书法。"唐太宗说道："你直言无妨，朕恕你无罪。"这时魏征才奏道："据臣看，其中只有'戬'字右半边的'戈'旁和虞学士写的一般无二，其余的均相去甚远。"唐太宗听了这番话后，惊叹不已，深深佩服魏征的眼力，从而也领悟了学习书法来不得半点虚假，要想学有所成，必须痛下苦功。

思考练习六

一、下面是古代一女子思念远方丈夫而作的闺情诗，采用了神智体的形式构成七绝诗句。请试着将诗文读出来。

二、一画家成名后，登门求教者络绎不绝。一天，有三人上门求教，只见门上写了一个"心"字，其中一位转身走了，留下另两位上前敲门，结果被拒之门外。次日，他们三人又来到画家门前，发现门上换了一个"木"字。头一天先走的人立即上前叩门，画家笑吟吟地开门迎客了。想一想，这是为什么？

三、下面四个环内都只有十个字，其中隐藏着四首七言绝句，正好咏的是春、夏、秋、冬四季的事物，请正确地读出来。

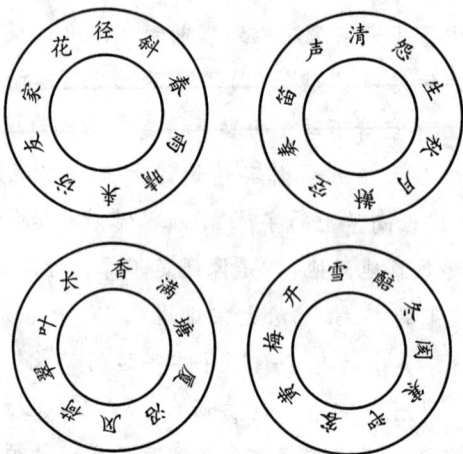

四、下面是一些字谜，请说出谜底。

1. 十三点。（打一字）

2. 五口相会。（打一字）

3. 自己。（打一字）

4. 草上飞。（打一字）

5. 吃尽苦头。（打一字）

6. 另有变动。（打一字）

7. 砍光树木。（打一字）

8. 一口咬定。（打一字）

9. 多心不好。（打一字）

10. 多一点就好。（打一字）

11. 左边一个不足，右边一万有余。（打一字）

12. 单身汉。（打一字）

13. 斩草不除根。（打一字）

14. 恻隐之心。（打一字）

15. 重逢。（打一字）

五、生活中总能碰到在人名中使用生僻字的现象，如嬲（zhào）、埜（yě）、彧（yù）、懋（mào）、姁（xǔ）、芁（jiāo），请举几例，说说你对在人名中使用生僻字、异体字的态度并说明理由。

思考练习参考答案

思考练习一

一、"破"在《新华字典》中有 8 个义项，其中有碎义，还有超出之义。在"读书破万卷，下笔如有神"中，"破"字有两层意思：一是字面含义，表示破烂、旧的意思，由于反复研读，原来的新书变成了旧书、破书；二是深层含义，"破万卷"其实是读懂万卷书，消化吸收书里的精华并为己所用。之所以出现望文生义的笑话，就是因为没有很好地理解汉字一字多义的特点。

二、汉字字形可以拆分，部分独体字既是构成合体汉字的部件，本身也是独立的汉字。"竹苞"的"竹"在书法书写中，与"个个"非常近似，"苞"是"ЩЩ（草）"与"包）"的结合，纪昀题"二字，实际上利用了汉字形体的可拆分性。

三、对汉字的整形，是有一定的文字学根据的。1965 年发布的《印刷通用汉字字形表》对宋体字的字形进行了有规则的处理，1988 年发布的《现代汉语通用字表》继承了其字形规定。但其中还有少部分字，在同样条件下笔形变异处理不一致。这次制定《通用规范汉字表》，根据群众和专家意见，按照字形处理原则，对所收《印刷通用汉字字形表》的字进行了微调，也对新收的字进行了统一处理。考察现有汉字的笔形变异情况，会发现很多规则十分不系统，例如"横变提"、"捺变点"等，在通用汉字中往往出现一个变了而另外一些情况相同的汉字却没有变的情况，这十分不利于教学上的处理。在这次字形调整中，制定了横变提，竖变撇，捺变点，竖弯钩变竖提，竖钩、横折钩去钩等五类笔形规则，这些规则是从原有字形规范中总结出来的，同时用来复查新的规范字是否符合这些规则。经过对字形的调整和美化，进一步取得了宋体字笔形的一致，使字形更趋于规律性、系统性。但由于绝大部分网民并不了解汉字发展及汉字改革的基本规律，对汉字的历史和汉字的应用也没有专业的考量，其反对的意见虽然压倒了专家的理性分析，但汉字改革的规范化方向却是没法改变的。

四、第四套人民币一是改繁体字为简体字。例如，"中國人民銀行"行名中的"國"和"銀"两个字，都分别改成了"国"、"银"。二是改异体字为正体字。原来流通的人民币 2 元券、2 角券、2 分券的"贰"字中间的两横在上，即"**貳**"，现改成规范的正体字"贰"。三是改旧字形为新字形。原来流通的人民币 1 角、2 角、5 角券的"角"字写成"**角**"，中间的一竖不出头，现根据文化部、文改会 1965 年联合颁布的《印刷通用汉字字形表》，使用了新字形"角"，中间一竖出头。

五、简化字不是山寨版的汉字，无论繁简，都是汉字的存在状态。简化字也有悠久的历史。繁简汉字各有利弊，但汉字的简化是文字发展的基本规律。科学合理地遵循文字发展规律来规范现有简化字，而不是废除简化字，这将是未来中国汉字发展的基本走向。

思考练习二

一、汉字构造有象形、指事、会意、形声。其中会意字各个偏旁皆有义，形声字形旁表意，声旁表音。王安石以会意法说解形声字，个别字看似合理，但就整个汉字系统来说，其说解是荒诞的。

二、所添加的字是：口、禾、王、目、广、木、土、厂、米、白

三、象形　象形　象形　会意　象形　　象形　象形　指事　指事　象形
象形　会意　形声　形声　会意　　会意　会意　会意　形声　形声
象形　会意　假借　假借　形声　　形声　形声　形声　象形　象形

四、林众鸿，从掰晃，尖分峪，明艳蚕，孬歪初，灶苗鸣，泪睡尘，埋焚昌

五、略

思考练习三

一、
主人客人做官人——住、傧、倌	妻子孩子读书人——僾、倪、仕
高人矮人种田人——仗（伥）、付、侬	红人白人漂亮人——侏、伯、俪
好人直人二女人——俍、值、佞	老人愚人长命人——佬、偶、俦
古人死人从前人——估、做、借	羊人狗人稀奇人——佯、伏、倚
讨饭人，站的人——仡、位	山里人，害怕人——仙、偎

庙里人，都是人——侍、偕　　　　　　木头人，也是人——休、他

想人换人丢了人——偲、便、佚　　　　坏人杀人不是人——俳

七人八人上十人——化、什　　　　　　百人千人许多人——佰、仟、侈

二、谜底：一、二、三、四、五、六、七、八、九、十。"下"字拆分成"一"和"卜"；"天"字拆分成"二"和"人"；"王"字拆分成"三"和"一"（"一"的直立）；"詈"字拆分成"四"和"言"；"吾"字拆分成"五"和"口"；"交"字拆分成"六"和"乂"；"皂"字拆分成"白"和"七"；"分"字拆分成"八"和"刀"；"仇"字拆分成"人"和"九"；"千"字拆分成"丿"和"十"。

三、"忄"先写点和点，最后写竖。

"万"先写横，再写横折钩，后写撇。

"乃"先写横折折折钩，再写撇。这个字和"及"字形相近，但笔顺完全不同。

"火"先写上面两笔，即点和撇点，再写"人"字。

"及"先写撇，再写横折折撇，后写捺。

"出"先写竖折，然后写短竖，再写中间从上到下的长竖，最后是竖折和短竖。

"贯"上边是先写竖折，再写横折，第三笔写里面的竖，最后写长横。

"脊"字上边的笔顺是先写左边的点和提，再写右边的撇和点，最后写中间的"人"。

"母"字的最后三笔是点、横、点。

"匕"先写撇，后写竖弯钩。

"爽"先写横，再从左到右写四个"×"，最后写"人"。

"登"的右上角先写两撇，再写捺。

规范笔顺的合理性可以从笔顺书写的便捷原则、最短线路原则等几个方面进行分析。

四、略

五、略

思考练习四

一、上联一、三、八字读（tiáo），调整的"调"，其余读（diào），音调的"调"。下联一、三、八字读去声，种植的"种"，其余读上音，品种、种类的"种"。上联意为调整琴音的时候要调整出新的音调来，这样每个音调都很美妙；下联意为种

植花草时要种植好的品种，这样每个品种都很芳香。

二、重。杜甫《春夜喜雨》"晓看红湿处，花重锦官城"中的"重"是多音字。"花重"表现了春雨后花儿"红艳艳、沉甸甸"的红艳欲滴状态，因而这里"重"要读"zhòng"不能读"chóng"。张籍《秋思》中的"欲作家书意万重"，是说家书想要表达的意思很多很多，"万重"就是"很多层"的意思；王安石的"水南水北重重柳，山前山后处处梅"中的"重重"也表示"很多层"的意思。因而，这里的"重"要读"chóng"，而不能读"zhòng"。

三、略

四、（一）平镜平静　机动激动　谢卸
　　（二）既（纪）生瑜而何生亮　无（吴）事（氏）生非（飞）

五、略

思考练习五

一、汉字一字多义，是指一个汉字在不同的词语及上下文语境中往往表示不同的词义或语素义。"寡"是个多义字，《新华字典》中就有三个义项，在"众寡悬殊"中"寡"表示"少"义，在"寡妇"中表示妇女死了丈夫，这两个意义分别出现在不同的语境中，不能混为一谈。"众寡悬殊"中的"众"、"寡"语素意义相对，表示多和少、强和弱。爸爸将成语中的"寡"自以为是地理解成寡妇，造成笑话。这说明汉字中的字义在词语中往往表现为语素义，语素义理解正确与否直接关系到词语意义的理解，不能正确理解语素义，就会望文生义。

二、略

三、略

四、不知所措（处理）　　惨无人道（残暴）　　大功告成（事业）
　　包罗万象（情况）　　冲锋陷阵（深入）　　爱财如命（贪婪）
　　百折不挠（弯曲）　　背井离乡（离开）　　一片冰心（纯洁）
　　不苟言笑（随便）　　不谋而合（商量）　　不能自拔（摆脱）
　　不足为训（法则）　　穷途末路（尽头）　　馋涎欲滴（将要）

五、上船—船上，上车—车上等

思考练习六

一、月斜三更门半开，夜长枕横想心歪。短命到今无口信，肝肠望断人未来。

二、门上写"心"，"闷"也；门上写"木"，"闲"也。

三、

春雨晴来访友家，雨晴来访友家花。晴来访友家花径，来访友家花径斜。

夏沼风荷翠叶长，沼风荷翠叶长香。风荷翠叶长香满，荷翠叶长香满塘。

秋月横空奏笛声，月横空奏笛声清。横空奏笛声清怨，空奏笛声清怨生。

冬阁寒呼客赏梅，阁寒呼客赏梅开。寒呼客赏梅开雪，呼客赏梅开雪醅。

四、汁、吾、体、早、古、加、对、交、亚、良、仿、合、早、则、观

五、略

快乐驿站部分答案

五、猪，蠢猪

六、囚

七、鲁、高

十四、"鱼"字去头去尾，乃是一个"田"字。

十六、这是一副析字对联。上联中"香"去掉"日"，"凡"字去一"点"，合起来是个"秃"字。下联中的"炉"字去掉"火"，再拴上"马"是个"驴"字。上下联合起来就是"秃驴"。

附录 1 《现代常用独体字规范》独体字表

音序	个数	独体字
A	1	凹
B	14	八巴白百办半贝本匕必丙秉卜不
C	20	才册叉产长厂车臣承尺斥虫丑出川垂匆囱寸
D	10	大歹丹刀弟电刁丁东斗
E	4	儿而耳二
F	8	凡方飞丰夫弗甫父
G	13	丐干甘戈革个更工弓瓜广鬼果
H	6	亥禾乎互户火
J	16	击及几己夹甲兼柬见巾斤井九久臼巨
K	3	卡开口
L	12	来乐里力立吏隶两了六龙卤
M	13	马毛矛么门米面民皿末母木目
N	7	乃内年鸟牛农女
P	2	片平
Q	9	七气千羌且丘求曲犬
R	7	冉人壬刃日肉人
S	29	三山上少申身升生尸失十石史矢士氏世事手首书鼠术束甩水巳四肃
T	7	太天田头凸土屯
W	16	瓦丸万亡王为卫未文我乌无五午勿戊
X	10	夕西习下乡象小心凶血
Y	33	丫牙亚严言央羊夭也业页一衣夷乙已义亦永用尤由酉又于予与雨禹玉曰月云
Z	16	再乍丈正之止中重舟州朱主爪专子自

附录 2　常见易错同音词 100 例

引见：引人相见，使人彼此认识

引荐：推荐（人）

审订：审阅修订

审定：审查决定

界限：不同事物的分界，意思笼统

界线：不同事物分界的线，意思具体

包含：里边含有

包涵：客套话，请人原谅

淡泊：＜书＞不追求名利

淡薄：（云雾等）密度小；（味道）不浓；（感情、兴趣等）不浓厚；（印象）因淡忘而模糊

心律：心脏跳动的节律

心率：心脏搏动的频率

原形：原来的形状；本来面目（贬义）

原型：原来的类型或模型，特指叙事情性文学作品中塑造人物形象所依据的现实生活中的人

化妆：用脂粉等使容貌美丽

化装：假扮或改换形象

推脱：侧重在推掉、摆脱某种责任

推托：侧重在找借口拒绝

切记：牢牢记住

切忌：切实避免或防止

简洁：（说话、行文等）简明扼要，没有多余的内容

简捷：直截了当；简便快捷

清净：没有事物打扰；清澈

清静：（环境）安静不嘈杂，强调没有声响

委曲：事情的底细和原委

委屈：受到不应该有的指责或待遇，心里难过

搜剿：搜索剿灭

搜缴：搜查收缴

尖厉：形容声音高而刺耳

尖利：尖锐；锐利

分辨：辨别

分辩：辩白；说明事实真相，用于消除误会

隐讳：有所顾忌而隐瞒不说

隐晦：（意思）不明显

交代：把经手的事务移交给接替的人

交待：把事情或意思向有关的人说明；把错误或罪行坦白出来

墙角：指两堵墙相接而形成的角

墙脚：墙根；比喻基础

自制：克制自己

自治：对自己的事务行使一定的权利

处世：在社会上活动，跟人往来相处

处事：处理事务

法治：表示要根据法律来治理国家

法制：指有关的法律制度

变幻：不规则地改变

变换：事物的一种形式或内容换成另一种

反映：指反照或提供情况（多用于对上级）

反应：指由外来刺激引起的某种活动或回应

启示：启发指示，使有所领悟

启事：为了说明某事而登在报刊上或贴在墙壁上的文字

学历：指学习的经历

学力：指经过学习达到的程度

传颂：辗转传布颂扬

传诵：辗转传布诵读

降伏：制伏；使驯服

降服：投降屈服

回还：回到原来的地方

回环：曲折环绕

面世：作品、科技产品与世人见面

面市：一般商品上市

总览：全面地看；综观

总揽：全面掌握

神志：知觉和理智

神智：精神智慧

不齿：不愿意提到，表示鄙视

不耻：不以……为耻

凡事：不论什么事情

凡是：总括某个范围内的一切

无名：难以说出

无明：佛典中指"痴"或"愚昧"

制订：创建拟定

制定：定出（法律、规程、计划等）

现时：现在；当时

现实：客观存在的事物；合于客观情况

专诚：特地（表示非顺便）

专程：专为某事而到某地

国事：国家大事

国是：＜书＞国家大计

大义：大道理

大意：主要的意思

悲痛：伤心苦恼

悲恸：极度悲伤

品味：品尝；仔细体会；（物品的）品质和风味

品位：官阶；物品质量；文艺作品所到的水平

增值：资产价值增加

增殖：增生；繁殖

预定：预先规定或约定

预订：预先订购

检查：为了发现问题而用心查看

检察：审察被检举的犯罪事实

侦察：为了弄清敌情、地形等而进行活动，用于军事

侦查：为了确定犯罪事实和犯罪人而进行调查，用于公安机关

权利：公民依法享受的，跟"义务"相对

权力：政治上的强制力量；职责范围支配力量

必须：副词，后跟动词或动词性短语

必需：动词，作谓语、定语

考查：指依据一定的标准检查、衡量，对象通常是人们的行为，有时是年代、历史、文物等

考察：指通过观察、调查来研究事物的真相或问题的本质，对象通常是客观事物，有时是人

退化：泛指事物由优变劣，由好变坏

蜕化：虫类脱皮，比喻腐化、堕落

功效：事物或方法所发挥的有利作用，多指功能

工效：工作效率

做客：自己访问别人

作客：自己寄居在别处

质疑：提出疑问

置疑：怀疑（用于否定）

融解：指冰雪等固体的融化

溶解：一种物质均匀分布在另一种物质中成为溶液

乞求：请求给予

企求：希望得到

休整：休息，整顿，多用于军队

修整：修理整治，多用于物品

经心：在意；留心

精心：特别用心；细心

中止：（做事）中途停止；中断

终止：结束；停止

习用：经常用；惯用

袭用：沿袭地采用

巨变：指巨大的变化，强调性质的变化

剧变：指剧烈的变化，强烈速度快

察访：通过观察和访问进行调查

查访：调查打听（案情）

流传：传下来或传播开，对象多是故事、消息等

留传：遗留下来传给后代，对象多是具体的物品

因缘：泛指缘分，指人与人之间由命中注定的遇合的机会，也指人与人或人与事物之间发生联系的可能性

姻缘：指婚姻的缘分

诈取：通过欺骗手段取得

榨取：压榨而取得

受权：接受国家或上级委托有权力做某事

授权：把权力委托给人或机构代为执行

邻近：位置接近；附近

临近：（时间、地区）靠近；接近

纯美：纯正美好，纯洁美丽，多适用于风俗、心情

醇美：纯正甜美，多适用于酒味、歌喉

会合：聚集在一起，可用于人员、水流

汇合：具体的方面指水流聚集，抽象的方面可适用于人的精神和意志

考问：为了难倒对方而问；考察询问

拷问：拷打审问

义气：指由于私人关系而甘于承担风险或牺牲自己利益的气概

意气：指由于主观和偏激而产生的情绪

盈利：获得利润

营利：谋求利润

合计：商量

核计：核算

篡改：用作伪的手段改动或曲解（经典、理论、政策等）

窜改：改动（成语、文件、古书等）

度过：用于指时间

渡过：指由此岸到彼岸

贯注：（精神、精力）集中；（语意、语气）连贯，贯穿

灌注：浇进；注入

修养：指理论、知识、艺术、思想等方面的一定水平；指养成的正确的待人处事的态度

休养：休息调养

振荡：主要是物理学用语，指物体运动的一种形式或电流的周期性

震荡：指外力引起的动荡，也指精神上受到重大影响，不能平静

启用：开始使用，大多指物

起用：重新使用已退职或免职的官员；提拔使用，宾语是人

披阅：披览；阅读

批阅：阅读并加以批示或批改

牟取：（非法）谋取名利

谋取：设法取得

受命：接受命令或任务

授命：下命令（多指某些国家的元首下命令）

灿然：形容明亮

粲然：形容鲜明发光；形容显著明白；笑时露出牙齿的样子

幽美：幽静美丽

优美：美好

协调：配合得适当

谐调：重在和谐

勾通：暗中串通

沟通：使两方能通连

附议：同意别人的提议，作为共同提议人

复议：对已做决定的事再做一次讨论

合约：合同（多指条文比较简单的）

和约：交战双方订立的结束战争，恢复和平关系的条约

枉然：得不到任何收获；徒然

惘然：失意的样子；心里好像失掉了什么东西的样子

涣然：形容嫌隙、疑虑、误会等完全消除

焕然：形容有光彩

驱除：赶走、除掉

祛除：除去（疾病、疑惧或迷信人所谓邪祟等）

默然：沉默无言的样子

漠然：不关心不在意的样子

俟机：等待机会

伺机：暗中等待

衍化：发展变化

演化：演变（多指自然界的变化）

结余：结存余额

节余：节约剩余

豁然：形容开阔或通达

霍然：副词，突然；＜书＞疾病迅速消除

淹没：（大水）漫过；盖过

湮没：埋没

行迹：行动痕迹

形迹：举动神色

悠远：离现在时间长或距离远

幽远：幽深

贡奉：向朝廷或上级贡献物品；进贡

供奉：指敬奉，常与"神佛"、"父母"等搭配

附录 3　常见教学用字谜及答案

1. 皇帝的新衣。——袭
2. 九号。——旭
3. 九只鸟。——鸠
4. 拱猪入门。——阂
5. 格外大方。——回
6. 走出深闺人皆识。——佳
7. 一千零一夜。——歼
8. 七十二小时。——晶
9. 床前明月光。——旷
10. 需要一半，留下一半。——雷
11. 一口咬住多半截。——名
12. 一月一日非今天。——明
13. 要一半，扔一半。——奶
14. 综合门市。——闹
15. 不是冤家也碰头。——硼
16. 上气接下气。——乞
17. 四方来合作，献大一点。——器
18. 贪前稍变就成穷。——贫
19. 半部春秋。——秦
20. 银川。——泉
21. 一来再来。——冉
22. 守门员。——闪
23. 有人偷车。——输
24. 半青半紫。——素

25. 秀才翘尾巴。——秃

26. 面圣。——现

27. 告别。——扮

28. 重点支援大西北。——头

29. 身残心不残。——息

30. 十八乘六。——校

31. 一勾心月伴三星。——心

32. 一撇一竖一点。——压

33. 八字头。——学

34. 千里挑一，百里挑一。——伯

35. 蕉心格。——唯

36. 四个人搬个木头。——杰

37. 一人。——大

38. 一人一张口，口下长只手。——拿

39. 一人在内。——肉

40. 一人挑两小人。——夹

41. 一人腰上挂把弓。——夷

42. 一口吃掉牛尾巴。——告

43. 一口咬定。—— 交

44. 一大二小。——奈

45. 一斗米。——料

46. 一月七日。——脂

47. 一加一。—— 王

48. 一半儿。——白

49. 一字十三点，难在如何点。——汁

50. 一百减一。——白

51. 书签。——频

52. 一个人搬两个土。——佳

53. 一个礼拜。——旨

54. 一家十一口。——吉

55. 一家有七口，种田种一亩，自己吃不够，还养一条狗。——兽

56. 一根木棍，吊个方箱，一把梯子，搭在中央。——面

57. 一只牛。——生

58. 一只狗四个口。——器

59. 一箭穿心。——必

60. 一点一横长，一撇到南洋，南洋有个人，只有一寸长。——府

61. 一边是水，一边是山。——汕

62. 一边是红，一边是绿，一边喜风，一边喜雨。——秋

63. 七人八只眼。——货

64. 七人头上长了草。——花

65. 征稿。——救

66. 九十九。——白

67. 九辆车。——轨

68. 九点。——丸

69. 二八佳人。——妙

70. 二小姐。——姿

71. 二兄弟，各自立。——竞

72. 人不在其位。——立

73. 全到。——筌

74. 人我不分。——俄

75. 人都到了。——倒

76. 人无寸铁。——控

77. 人无信不立。——言

78. 八十八。——米

79. 八兄弟同赏月。——脱

80. 刀出鞘。——力

81. 十一个读书人。——仕

82. 十二点。——斗

83. 十五人。——伞

84. 十五天。——胖

85. 十元买早餐，八元买豆干。——干

86. 十月十日（武昌起义）。——朝

87. 十月十日。——萌

88. 十字架下三个人。——来

89. 十字对十字，太阳对月亮。——朝

90. 十个哥哥。——克

91. 三人两口一匹马。——验

92. 三口重叠，莫把品字猜。——目

93. 三张纸。——顺

94. 上下合。——卡

95. 上下串通。——卡

96. 上下难分。——卡

97. 楚霸王乌江自刎。——翠

98. 没有哥哥。——歌

99. 一个不出头，两个不出头，三个不出头。——森

100. 两点一直，一直两点。——慎

101. 一弯一弯的土地，一层一层的稻田。——疆

102. 洋妞。——要

103. 部位相反。——陪

104. 男宾止步。——妪

105. 池里不见水，地上不见泥。——也

106. 竹林茅舍农家地，春耕缺水无心惜。——籍

107. 四山纵横，两日绸缪，富由它起脚，累是它领头。——田

108. 菜字添一笔。——菊

109. 舌头没有。——古

110. 天上无二，合去一口，家家都有。——人

111. 一点一横长，一撇到南阳，上十对下十，日头对月亮。——庙

112. 自有一日出头天。——春

113. 老牛过板桥。——生

114. 连体婴。——夫

115. 良药苦口。——痌

116. 两根旗杆六个斗，中间有路无人走。——非

117. 两狗谈天。——狱

118. 两日齐相聚，四山环一周。——田

119. 两山相对又相连，中有危峰插碧天。—— 由

120. 挥手告别。——军

121. 火尽炉冷，平增意马心猿。—— 驴

122. 火烧横山。——灵

123. 加把力，就成功。——工

124. 没有熟透饭。——炒

125. 金木水火。——坎

126. 镜中人。——入

127. 久雷不雨。——田

128. 酒中没有水，简直活见鬼。——醜

129. 开了四个窗户，全家都姓王。——畾

130. 孔子登山。—— 岳

131. 你一半，我一半，齐心干，把树砍。——伐

132. 种花要除草，一人来一刀。——化

133. 存心不让出大门，你说烦人不烦人。——闷

134. 一只狗，两个口，谁遇它谁犯愁。——哭

135. 聂耳一人还。——联

136. 秦始晋末结世亲。——春

137. 三人同日来，喜见百花开。——春

138. 一到两点便起飞。——乙

139. 为数虽少，却在百万之。——一

140. 二山在一起，猜出便错了。——击

141. 哥哥一半大，莫作可字猜。——奇

142. 田里跑到田外，不能当作古字。——叶

143. 劳逸结合。——边

144. 三个星期。——昔

145. 独生。——兀

146. 本末倒。——半

147. 林字多一半，不当森字愁。——梦

148. 一只狗，两个口，谁遇它，谁发。——哭

149. 除去半边，还存半边。——途

150. 不知其二。——共

151. 一官半职。——耳

152. 总不留心，要栽跟头。——只

153. 佳人难再得。——圭

154. 工厂联合面貌新。——左

155. 自小便虚心。——东

156. 秃头笔。——毛

157. 晋文公。——耶

158. 十日谈。——询

159. 邮递员。——储

160. 俱往矣。——篱

161. 齐声唤。——谐

162. 朝天子。——现

163. 鸡毛信。——诩

164. 板面孔。——榕

165. 红姑娘。——姝

166. 床边柜。——麻

167. 大伏天。——一

168. 一月大。——肤

169. 两斤水。——满

170. 一对红。——赫

171. 贴心店。——惦

172. 角落头。——用

173. 伽利略。——和

174. 重阳节。——阡

175. 清明节。——泪

176. 威尼斯。——沛

177. 候车站。——胎

178. 半导体。——付

179. 老头子。——孝

180. 倒栽杏。——呆
181. 炊事员。——饲
182. 木乃伊。——居
183. 拿去了。——趣
184. 一下子。——了
185. 将相和。——斌
186. 空心树。——村
187. 陕西省。——夹
188. 西柏坡。——杜
189. 月当头。——肖
190. 寸草心。——时
191. 夜点心。——名
192. 十二月。——青
193. 云南省。——二
194. 庄稼汉。——佟
195. 第一张。——顽
196. 方头巾。——市
197. 屈指。——撒
198. 蛀齿。——穿
199. 茅屋。——芦
200. 兼顾。——盼
201. 脚本。——蹦
202. 老子。——克
203. 赤道。——诛
204. 再。——观
205. 黄昏。——晒
206. 鼓掌。——拿
207. 岳父。——仗
208. 寿。——星
209. 妻子。——肉
210. 狗洞。——突

211. 排对。——例

212. 动员。——呗

213. 萌动。——朝

214. 转机。——朵

215. 客满。——促

216. 现钞。——贪

217. 焚书。——烦

218. 沙眼。——渺

219. 烟缸。——盎

220. 破相。——柜

221. 外孙。——好

223. 自传。——记

224. 桑叶。——蚀

225. 停步。——趾

226. 驼背。——躬

227. 涉。——衍

228. 喙。——鸣

229. 刃。——召

230. 武。——斐

231. 厩。——驴

232. 负。——歪

233. 哑语。——批

234. 服装展览。——裂

235. 干涉。——步

236. 闺中少女。——娃

237. 林海无边。——梅

238. 你我各一半。——伐

239. 少了一点良心。——恳

240. 复习。——羽

参考文献

1. 蒋善国. 汉字形体学. 北京：文字改革出版社，1959.

2. 倪海曙. 现代汉字形声字字汇. 北京：语文出版社，1982.

3. 裘锡圭. 文字学概要. 北京：商务印书馆，2007.

4. 李大遂. 简明实用汉字学. 北京：北京大学出版社，1993.

5. 高家莺，范可育，费锦昌. 现代汉字学. 北京：高等教育出版社，1993.

6. 苏培成. 现代汉字学纲要. 北京：北京大学出版社，1994.

7. 何九盈，胡双宝，张猛. 中国汉字文化大观. 北京：北京大学出版社，1995.

8. 倪永宏. 汉字部首详解. 北京：人民交通出版社，1996.

9. 李国英. 小篆形声字研究. 北京：北京师范大学出版社，1996.

10. 张书岩. 简化字溯源. 北京：语文出版社，1997.

11. 冯寿忠主编. 汉字规范化教程. 北京：中国书籍出版社，1997.

12. 董琨. 中国汉字源流. 北京：商务印书馆，1998.

13. 王力军，宋继华等. 汉字应用通则. 沈阳：春风文艺出版社，1999.

14. 戴汝潜主编. 汉字教与学. 济南：山东教育出版社，1999.

15. 何九盈. 汉字文化学. 沈阳：辽宁人民出版社，2000.

16. 周有光. 汉字和文化问题. 沈阳：辽宁人民出版社，2000.

17. 杨润陆. 现代汉字学通论. 北京：长城出版社，2000.

18. 曹方. 现代汉字艺术设计. 南京：江苏美术出版社，2000.

19. 张玉金. 当代中国文字学. 广州：广东教育出版社，2000.

20. 潘鲁生. 中国传统艺术12：汉字装饰. 北京：中国轻工业出版社，2000.

21. 高更生. 汉字研究. 济南：山东教育出版社，2000.

22. 张玉金，夏中华. 汉字学概论. 南宁：广西教育出版社，2001.

23. 曹方. 当代设计家的汉字艺术. 合肥：安徽美术出版社，2001.

24. 潘文国. 字本位与汉语研究. 上海：华东师范大学出版社，2002.

25. 周小兵，李海鸥主编. 对外汉语教学入门. 广州：中山大学出版社，2004.

26. 李宇明主编. 汉字规范. 武汉：华中师范大学出版社，2004.

27. 张桂光编. 汉字学简论. 广州：广东高等教育出版社，2004.

28. 李宇明，费锦昌主编. 汉字规范百家谈. 北京：商务印书馆，2004.

29. 万业馨. 应用汉字学概要. 合肥：安徽大学出版社，2005.

30. 徐中舒. 甲骨文文字典. 成都：四川辞书出版社，2006.

31. 李丛芹. 汉字与中国设计. 中国艺术研究院博士学位论文，2006.

32. 邢红兵. 现代汉字特征分析与计算研究. 北京：商务印书馆，2007.

33. 邹晓丽编. 基础汉字形义释源（修订本）. 北京：中华书局，2007.

34. 赵平安. 隶变研究. 保定：河北大学出版社，2009.

35. 曾宪通，林志强. 汉字源流. 广州：中山大学出版社，2011.

36. 王军强. 创意汉字图形设计. 北京：人民美术出版社，2011.

后　记

　　这本《汉字理论与应用》前后经过几年时间的整理、修改，终于定稿。本书主要针对海华华文教师以及中小学语文教师，着重介绍汉字教学及汉字使用中所需要的实用文字学理论以及如何在实践中运用这些理论。该书沿用了 2006 年笔者在语文出版社出版的《汉字教学中的文字学》所倡导的实用性特点并有所突破。这种实用性特点不但体现在章节内容的安排上，也体现在每一章后思考练习题的设计上。此外，趣味性也是本书的最大特点之一，无论是正文内容的阐述，还是每一节的"快乐驿站"以及练习题型的设计都体现出学术性、通俗性以及趣味性的结合。

　　由于本人学识所限，书中错漏之处，敬请同行专家及读者指正。

李香平

2012 年 4 月